CONFUCIO PARA CONFUSOS

480 Aforismos de Confucio

CALIXTO LÓPEZ
ROSALÍA ROUCO

CONFUCIO PARA CONFUSOS

PRÓLOGO

No quisiéramos afirmar categóricamente que vivimos en un momento de extrema confusión, pero una serie de hechos parecen corroborar lo contrario. En un mundo globalizado, la riqueza y el bienestar no se hayan distribuidos de forma equitativa y equilibrada entre las naciones. Los gobernantes no siempre gobiernan pensando en el bienestar de sus pueblos. La corrupción, ese miserable mal no se ha extirpado y campea por su respeto en todas las esferas de la actividad humana, principalmente en las del quehacer público. Las fuerzas productivas han alcanzado un considerable grado de desarrollo capaz de garantizar los bienes materiales básicos de toda la población mundial y sin embargo en muchos países la población pasa hambre, hay necesidades materiales de todo tipo y muchos niños mueren por desnutrición y enfermedades curables. La educación y el acceso a la cultura universal no se encuentran al alcance de todos. Tampoco la atención médica llega a todas las personas. Se habla de ética y moral y se adoptan muchas veces posturas inmorales. El engaño, la mentira y la falta de honestidad se muestran a diario en la sociedad. La humildad, el decoro, el respeto y la consideración humana no es lo que abunda. Nada de esto está globalizado y es lo que se necesita compartir y hacer llegar a los lugares más remotos del planeta.

Y no es que no se hayan elaborado doctrinas, ni principios éticos para abordar todo los males que hemos mencionado, todo lo contrario, el espíritu humano estudió estos problemas desde las civilizaciones más tempranas y en un sentido universal. Prueba de ello es lo que le hacemos llegar sobre uno de los pensadores más prolíferos y antiguos de la historia: El sabio y filósofo chino Confucio, que hace más de 25 siglos elaboró una doctrina moral, educativa y de gobierno en función de lograr el bienestar de todos los seres humanos independientemente de su estatus social, económico, o de castas. Es por esto que de forma modesta abordamos aspectos trascendentales de sus doctrinas que pueden guiarnos a todos en esta época de real, o aparente confusión.

En resumen, se recogen más de 450 aforismos del célebre sabio y filósofo chino, relacionados con el gobierno, la educación, la ética, la familia, la justicia, la corrupción, entre otros, todos o casi todos, con plena vigencia actual.

CONFUCIO PARA CONFUSOS

PREÁMBULO.

Llueve a cántaros en todo el reino de Lu, el más culto y civilizado de los estados chinos de la época. La violenta tormenta viene acompañada de truenos y relámpagos que hacen temblar la Tierra convertida en un caos por la fortaleza del vendaval. Nadie bajo estas circunstancias se atrevería a salir a la intemperie salvo uno urgido, en medio de la confusión y las intrigas políticas de la época, a abandonar sus cargos, casa y ciudad, pues su vida y la de sus allegados corre peligro. Sus adversarios lo han derrotado mediante un sucio y a la vez hermoso ardid que le ha hecho perder el apoyo de su Señor.

Todo comenzó meses atrás, cuando alertó a su soberano, el duque de Lu, sobre las intenciones de los tres clanes vecinos que querían debilitar el gobierno del milenario estado de Lu con el fin de apropiarse de sus territorios mediante intrigas y sobornos, a la vez que fortalecían y armaban a sus belicosos ejércitos.

En principio, el soberano había escuchado los consejos de su fiel servidor y amigo, deteniendo en seco las ambiciones de los señores de los tres clanes, que conocedores que detrás de las decisiones de este se encontraban los sabios consejos de Confucio, hicieron lo posible acudiendo a todos los medios inimaginables, incluyendo mentiras y calumnias por dañar la imagen del incorruptible y justo consejero, sin lograr sus sucios propósitos dada la recia personalidad del maestro, su ejemplar actuación y la capacidad de sus fieles discípulos de enfrentar cualquier intento de disminuir la influencia y el prestigio de su maestro.

Durante el poco tiempo que Confucio había asumido el cargo de Ministro del Interior del reino, sus resultados habían sido muy relevantes, logró acabar con los robos y la acción desalmada de los maleantes que otrora proliferaban por doquier atemorizando a la población y ahora, o bien habían sido castigados, huidos del reino, o se hallaban escondidos sin actuar esperando tiempos mejores. Dentro de esta crápula de malhechores, Confucio no dudó en aplicar castigos ejemplarizantes dando un trato igualitario a todos los infractores de la ley independientemente de sus riquezas, cargos públicos e incluso origen de castas, lo cual no gustó a las clases más privilegiadas.

Ante los ojos de Confucio todos los ciudadanos eran iguales ante la ley independientemente de su posición social, política y cúmulo de riquezas. Nadie estaba por encima de esta y su ejemplar actuación como ministro había traspasado todas las fronteras, de manera que era bien recibido por doquiera que se desplazaba.

A la par de mantener una conducta ejemplar como ministro, Confucio había emprendido una intensa campaña por recobrar las viejas costumbres y hábitos éticos de actuación y comportamiento de las personas de acuerdo a las antiguas normas del viejo imperio de Zhou gracias a las cuales este perduraba por cerca de un milenio, aunque ahora el papel del emperador era más bien el de un mero ente dinástico ante el avance y deterioro que sufren los gobiernos a lo largo de la historia, y el otrora consolidado imperio también le correspondía pasar por esa etapa de génesis, desarrollo y deterioro por el que transcurre el devenir histórico de cualquier sociedad, y ahora el gran imperio se acercaba a su desaparición.

Y no es que Confucio se considerase un hombre conservador, que luchara contra las reformas y el desarrollo, muy por el contrario, tal como se había visto en sus revolucionarias ideas en el plano educacional en el donde consideraba que todas las personas tenían derecho a la instrucción en igualdad de condiciones independientemente de su origen social o de castas. También en la aplicación de la ley y la justicia de forma indiscriminada sin importar la pureza de castas del infractor, sus riquezas o estatus sociopolítico. Además, defendía con gran valentía el que los cargos públicos y de gobierno fuesen asignados a los hombres más puros y capaces, algo así como el concepto de "caballeros" que daba a los mismos por estar imbuidos de un alto grado de virtuosidad.

Es verdad que en su afán de recuperar los altos valores de los antiguos monarcas de la antigua dinastía quisiese revivir épocas pasadas del imperio centralizado exento de insubordinaciones y movimientos políticos y de escisión territorial, que tanto temor le causaban, sin darse cuenta que lo pasado pasado fue y no puede volver a repetirse, salvo en un grado superior de desarrollo y no como una imagen calcada de la anterior. Pero ahí se encontraba la gran confusión que llevó a Confucio, el sabio chino más grande de todos los tiempos a confundirse, pues tomó esa tarea imposible de cumplir como su plan de acción de por vida hacer resucitar de las cenizas los grandes logros del imperio Zhow

Aquella tarea imposible de cumplir para un hombre, e

incluso para muchos hombres, por cuanto se hallaba en contra de las leyes del desarrollo de la historia y de la propia civilización humana, constituía el objetivo idílico de Confucio, sin percatarse siquiera que el movimiento iba en otra dirección, se daba por acabado el tiempo de los anales de "Primavera y Otoño" y se transitaba con rapidez en lo que fue en llamarse el de los "Reinos combatientes en que proliferaban las guerras, desaparecía la paz y con ello el relativo bienestar de la población ahora sumida en miseria, desesperación y muerte, bajo el paso aplastante de los caballos y carros de combate y el marchar de decenas de miles de soldados a los campos de batalla.

Quizás los grandes logros obtenidos como maestro, político, e ideólogo al ser capaz de crear una doctrina "el confucianismo" que perduraría a lo largo de los siglos, llevaron al brillante intelecto de aquel sabio a sobrevalorar sus posibilidades y a enfrentarse a todos, incluso a los deseos carnales de su soberano, que seducido por el regalo envenenado de cientos de hermosas bailarinas desprendiendo fragancias de aromas de flores, y vistiendo coloreadas ropas de sedas en su danzar con sus vibrantes cuerpos seductores, encontraron en el monarca un campo fértil para dejarse subyugar y abandonar sus deberes y obligaciones ante el estado y sus súbditos, lo cual, como bien consideraba el incorruptible Confucio, traería grandes males para el estado y el pueblo de Lu.

Con aquella postura necia y negligente ante el seductor regalo envenenado, el duque de Lu desoyó al fiel y puritano Confucio y poco a poco lo fue alejando de su lado hasta ahora, en que se negaba a recibirlo enviándole como respuesta una pequeña pieza de jade roto, lo que significaba a todas luces que el sabio había perdido los favores del soberano dejándolo así en una posición muy débil en el gobierno y a merced de sus enemigos, que como fieras voraces no tardarían en abalanzarse sobre él y desmenuzarlo entre sus voraces fauces.

El período de buen quehacer de Confucio había terminado, su persona corría peligro, y más que esto, el esfuerzo de toda su vida se desvanecía mientras sus idílicos sueños de recobrar el esplendor del antiguo imperio acababan diseminados por el aire sin soporte político ni social para llevarlos a cabo. Pese al estado de confusión en que se hallaba Confucio, este pudo comprender cabalmente la gravedad de la situación y que no solo él, sino también su familia, incluyendo su hijo, y sobre todo sus discípulos, corrían el mismo peligro, y que solo su ausencia podría poner a salvo todo aquello, para lo cual él debería apartarse y abandonar cuanto antes el estado de Lu poniendo distancia entre él y sus enemigos, pues suponía con razón, que ante la más mínima conjura su señor se desentendería del asunto y lo dejaría caer por el precipicio.

Por tales motivos, ahora aquel hombre superior a los demás no solo física sino también intelectualmente, hacia lo imposible por abandonar la ciudad bajo aquella lluvia torrencial acompañada de violentos truenos y relámpagos, mientras los asustados caballos luchaban por mover su pesada carreta cuyas ruedas atascadas en el lodo fangoso del camino hacían imposible continuar el viaje.

Al marcharse, Confucio tomó un mínimo de equipaje, quizás un traje de presentación, con su gorro de ceremonias, sus principales escritos en tablillas de bambú, y algo de alimentos para el largo trayecto, sin comunicar a nadie su difícil decisión y así evitar que lo siguieran en un viaje con destino desconocido aún para el que lo llevaba a cabo.

Aprovechando la tormenta el sabio pensó que su salida no sería descubierta por nadie, pues en tempos así las personas se resguardan en sus casas y aposentos y no salen por la furia del vendaval. De manera, que tomando todas las precauciones necesarias para no ser visto, salió como un ladrón escurridizo, pues no quería que sus fieles allegados corriesen los peligros de su actual suerte.

Cansado de batallar con los asustados caballos que no podían mover la carreta atascada en el profundo hoyo fangoso, se disponía a continuar a pie su camino cuando a lo lejos comenzó a sentir la dulce voz de sus queridos discípulos con la palabra que siempre dibujaban al referirse a él "Maestro, Maestro Kong, no nos abandone, iremos con usted hasta el fin del mundo si es preciso"; y uno a uno comenzaron a aparecer los pálidos rostros de sus discípulos acercándose a él.

Se supone que fue una imagen épica aquella de un grupo de jóvenes que abandonándolo todo se disponían a seguir el destino incierto de su maestro dispuestos a afrontar los peligros y penurias de un largo viaje que los mantendría alejados de Lu vagando por los reinos vecinos, algunos hostiles, durante años, en que la fidelidad superaría todas las pruebas y el Confucianismo como doctrina se extendería por todas las regiones de la china de la época.

Si bien Confucio se había mostrado confuso en los últimos actos como ministro y en su megalómano proyecto de hacer retornar a las viejas costumbres a toda una nación, sus enemigos y el propio duque de Lu actuaron confusamente, porque con aquel duro y difícil apostolado de Confucio y sus discípulos, estos lograron que las doctrinas básicas del confucianismo se proliferaran por toda la nación y llegaran a las mentes de todos los hombres y mujeres honestos de todos los reinos.

Confucio en su confusión intentaba cambiar su mundo pero al ser esto una tarea imposible para un hombre, al menos intentó cambiar su concepción del mismo y vagó por todos los reinos tratando de propagar su doctrina, que por supuesto, no era una doctrinas confusa, sino la más racional de de todas las expuestas en aquellos tiempos.

ÍNDICE

CONFUCIO PARA CONFUSOS

INTRODUCCIÓN

Nunca pensé escribir sobre el sabio y filósofo chino Confucio, y no es que este no mereciera que lo hiciese, pues de hecho muchos lo han hecho y lo siguen haciendo hoy en día. El motivo era otro, hasta hace algún tiempo consideraba que no tenía una noción suficientemente clara de su doctrina, ni lo había estudiado suficientemente a fondo, pero un día, al leer uno de sus famosos aforismos comprendí que había perdido mucho tiempo en comprender de forma resumida la esencia de la vida del ser humano y que este insigne pensador de la antigüedad, la había definido escuetamente en una metáfora de poco menos de dos líneas:

"Me preguntas ¿por qué compro arroz y flores? Compro arroz para vivir y flores para tener algo por lo que vivir".

En ellas se deduce la esencia de la simbiosis de la eterna contradicción y unión de lo *material* y lo *espiritual*; y la necesidad del equilibrio que debe dar el ser humano a estos dos conceptos, enfrentados en muchas corrientes filosóficas como si fuesen fuentes inagotables de agua: los ríos y los mares, hasta que sus aguas se juntan y quedan iguales, claras y cristalinas, sin diferencia alguna, unidas para siempre.

Lo material y lo espiritual, el necesario equilibrio, compenetración y unión de estos conceptos, lo que puede hacer feliz o infeliz a un ser humano, reducido a la más mínima expresión y en muy pocas palabras, es lo que expresó Confucio. Para vivir se necesita un sustento material que para los ciudadanos chinos de la época se condensaba completamente en el *"arroz"*, pero ¿para qué sirve este elemento? sino se tiene un objeto, un fin noble *"las flores"* que conduzca nuestros actos y nos haga disfrutar de lo hermoso de la vida espiritual.

Era algo así como la concepción materialista dialéctica de la historia de que *"todo hombre antes de hacer política, arte, religión, etc., tiene que comer, beber, tener un techo"*. Tal como lo plantearon Carlos Marx y Federico Engels, sólo que 2 300 años después que el maestro y filósofo chino. Y para ser justos, este la planteo de una forma más concisa y con palabras y ejemplos más sencillos.

¿Cuántas personas han despilfarrado su vida en pos de lograr beneficios materiales, riquezas imposibles de disfrutar en muchas vidas y al llegar al final de sus días se percatan de que esto no ha servido para nada sino va acompañado de los valores humanos esenciales, como el amor, la amistad, el honor, la honradez, el humanismo, la apreciación de la belleza y de todo el conjunto de valores espirituales a los que puede acceder un ser humano?

No hablamos del poder desmedido, de las ambiciones y actos deshonestos, de las injurias, las blasfemias, las traiciones y las mentiras. No, Confucio no dice que compra *"arroz"* y *"zarzas o espinas"*, sino *"flores"* y lo que estas representan en cualquier cultura y en el pensamiento universal.

Sólo con esta frase Confucio hubiese accedido a lo más alto de la pirámide del pensamiento humano, pero también fue prolífero en consejos sobre la conducta y la ética humana, la forma de gobernar, de educar con vistas a formar un hombre íntegro en conocimientos y valores, como hubiese deseado que fuesen los funcionarios y gobernantes chinos de la época, de todo el mundo, y de todos los tiempos.

Pero hemos olvidado a Confucio, lo hemos infravalorado o dejado en un plano secundario, obviado su estudio, así como la aplicación de sus doctrinas y esto nos ha llevado, sí, al progreso, pero sobre la base de la explotación, la desigualdad social, la mentira y el engaño, ajenos al sufrimiento humano de muchos, y solo preocupados en llenar nuestras arcas, o adquirir fama y honores muchas veces no merecidos; pero es hora de que si no mejoramos nuestra conducta, sino gobernamos para todos, si nos enriquecemos ilícitamente, estemos seguros que no alcanzaremos la felicidad plena y nuestra verdadera consagración como seres humanos.

Tal vez se pueda pensar con esta valoración inicial que solo la simple lectura de las máximas y aforismos de Confucio nos pudiera sacar de la *"confusión"* en que vivimos, y es que aunque esta palabra no provenga de Confucio, como malinterpretó una Miss de belleza de un país hace pocos años, es de destacar que nos encontramos inmersos en una gran confusión, que el gran sabio chino, si somos consecuente con su doctrina, nos puede ayudar a resolver. Pero no podemos esperar milagros y menos pensar que esto resulta tan sencillo, muchos de los que han leído a este insigne humanista, o a otros pensadores con ideas o que aportan principios semejantes, se olvidan de ellos tan pronto alcanzan sus aspiraciones de poder, riqueza o bienestar, como ocurrió, incluso, en tiempos del filósofo, con algunos de sus propios discípulos.

Y si así ocurrió con discípulos que recibieron directamente sus enseñanzas y convivieron con él durante muchos años, que podemos esperar nosotros. Al menor tropiezo, o cuando los resultados a que esperamos llegar con la aplicación de sus preceptos no sean los que consideráramos debieran ser, justo en ese momento muchos abandonarán su doctrina y continuarán presos de la confusión, porque a todo lo que se aspira no se puede acceder y el propio Confucio no pudo lograr en vida lo que él deseo: llegar a ser un dignatario, o funcionario eficiente, honrado y honesto, ajeno a la corrupción y ni eso pudo lograr este notable pensador, aunque ocupó algunas responsabilidades en el pequeño reino de Lu, incluso la de Ministro, pero por poco tiempo.

Y sí el mismo Confucio estuvo *"confuso"* a la hora de establecer sus aspiraciones, y si él, que es el que pretendemos tomar hoy como referencia para salir de nuestras confusiones o desaciertos, no logró alcanzar sus objetivos en la vida, ¿qué podemos esperar para nosotros? La respuesta pudiese ser "nada". Pero es todo lo contrario, el célebre pensador logró más con la enseñanza de sus doctrinas que si hubiese gobernado todos los reinos chinos de la época.

Confucio, puede que *confuso* en sus objetivos profesionales, vagó por el inmenso país asiático buscando empleo como funcionario o gobernante, un ministerio, o cualquier cargo público por muy humilde que fuese para un hombre eficiente, honrado, ajeno a la corrupción. Pero puede que estos no fuesen los valores que esencialmente se buscaba para gobernar en aquella época, y quizás tampoco en esta, aunque tal vez haya excepciones.

Por lo tanto, se permitía a Confucio que aconsejara, que expusiera sus doctrinas de forma oral, que después sus discípulos fueron los que las escribieron, pero seguía y siguió sin empleo hasta que se dio cuenta, o se lo hicieron ver sus destacados alumnos, que eso no era lo de él, que siguiera pensando y enseñando que es lo que necesitaba la sociedad, lo que la historia quería de él, y así regresó a su país para morir pocos años después dejando para la posteridad un extenso legado difícil de emular, y con el cual abordaremos algunos aspectos importantes de la ética, la moral, la conducta, la educación, las leyes de gobierno e incluso temas tan sucios y espinosos como la corrupción, que permea a los gobiernos y todas las capas de la sociedad, en mayor extensión en la medida que éstas son más altas.

CAPÍTULO I

Confucio no estaba Confuso

Transmitid la cultura a todo el mundo, sin distinción de razas ni de categorías.

¿Pero quién fue Confucio? Primero que todo hay que decir que Confucio, Kont Zi o maestro Kunt (Kung-Fu-Tsu), nació en el pequeño reino de Lu, hoy Shandong, en el año 551 a.n.e. y murió en el 479 a.n.e., aunque estos datos en épocas tan tempranas de la historia no siempre se pueden tomar como exactos, pese a la eficiencia, o no, de los registros de la época en el Celeste Imperio. La antigua y célebre dinastía imperante en esa época era la Zhou con medio milenio de existencia y en su momento de descomposición. Se considera que su padre era comandante del Clan Kong de un distrito de Lu, venido a menos, aunque siempre habló de un pasado digno dentro de la clase nobiliaria china.

La niñez de Kont fue difícil y sumida en algo parecido a la pobreza, dado que su padre murió cuando este sólo tenía tres años de edad, quedando la familia - entiéndase él y su madre - desprotegida y sumida en necesidades materiales de todo tipo.

El reino de Lu era pequeño en extensión, por lo que podría ser similar para una China dividida en múltiples reinos y principados, a lo que fue Florencia para Italia en la época renacentista, que para poder subsistir como Estado independiente tuvo que valerse del intelecto de sus pensadores y de la aplicación de una rigurosa y exacta política de gobierno, apoyada en un talento de la talla de Nicolás Maquiavelo, que al igual que Confucio escribió sobre el arte de gobernar - "El Príncipe" -, con igual resultado nulo de atención por parte de los gobernantes, pero con la única diferencia de que este último si obtuvo un empleo estable como Canciller de la República – más bien Secretario con plenos poderes de negociación - de Florencia y Confucio no llegó a ocupar cargos similares.

Por tanto hay que destacar que Confucio vivió en una época de transición histórica, en una etapa de aguda crisis cultural y social al borde del colapso de una civilización, por lo que este iba a convertirse en testigo excepcional y participe de los cambios y nuevas ideas que surgían, aunque en la perspectiva básica de pensador.

Tan pronto Confucio pudo realizar un análisis exacto de la situación del reino de Lu y de la decadente Dinastía Zhou se planteó como objetivo primordial el de restaurar el orden de la sociedad sobre una nueva ética, de manera que esta pudiese progresar y salvar sus valores ancestrales y tradicionales, al menos los que él consideraba que eran verdaderamente valiosos, luego del estudio de la tradición histórica y cultural del país.

Pero Confucio, aunque esto no se ha valorado en su justa medida, también era un hombre de acción, dominaba el tiro con arco, la equitación, era aficionado a la caza y la pesca, y trataba de participar activamente de la vida social y política de la época, en lo que le era posible. Por este motivo no quiso conformarse con ser solo un mero espectador de los acontecimientos y buscó sin éxito, que lo empleasen para comprobar y poner en práctica sus doctrinas, o que le asignaran un pequeño territorio para que lo gobernaran él y sus discípulos. Pero los gobernantes de la época desconfiaban y no accedieron a su pedido.

Como aquello no prosperaba, trató de formar un reducido grupo de discípulos empleando métodos originales de enseñanza y seleccionándolos sobre la base de su talento e interés de auto superación, sin tener en cuenta para nada la condición social de estos, de manera que lo integraron jóvenes provenientes de todos los sectores sociales: muy pobres y también de castas superiores. Esto, sobre lo que no se tenía precedentes, dio resultados sorprendentes y permitió que con el tiempo contara con discípulos muy sabios y competentes, prueba de ello es que fueron ellos los que recogieron, redactaron, publicaron y divulgaron sus doctrinas en fecha muy posterior a su muerte. Los formó en diferentes especialidades, pero generalmente relacionadas con el Arte de Gobierno: Economía, Ética, Administración, Diplomacia, Artes Militares, etc.

Pero si anteriormente podía haber tenido dificultades para acceder a los cargos públicos, ahora con este minúsculo, pero a la vez pequeño ejército o gabinete de gobierno de magníficos seguidores, aún le fue más difícil acceder a los mismos. El no obtener puestos relevantes se debía en gran medida a la desconfianza de los mandatarios, y sobre todo los funcionarios gubernamentales, por la sombra o competencia que podría causarles un individuo con tal preparación y apoyado por un gran equipo de alumnos o discípulos altamente instruidos.

Por esto decimos que en sus aspiraciones fundamentales de integrarse a la política activa que era su gran pasión, tuvo poco éxito y ocupó cargos inferiores en rango y durante cortos períodos de tiempo.

Luego, para comprender mejor a Confucio hay que valorar que aunque su verdadera vocación fuese la política veía a esta subordinada a la ética, a la moral, por eso su empeño en formar personas ilustres, llenas de valores, hombres nobles, superiores, para que pudiesen desarrollar un buen gobierno, es decir, **ética** antes que **política**.

Tampoco Confucio consideraba que el gobierno debía estar unido, o subordinado al poder legislativo y jurídico, pues desconfiaba de las leyes, puede que con mucha razón, pues estas en aquel tiempo solo estaban para defender a los poderosos y sancionar a los humildes. Además, si se contaba con dirigentes capaces, bien preparados e imbuidos de nobles valores éticos estos estarían en condiciones de promulgar y aplicar todas las leyes necesarias para gobernar de manera justa y acertada, y de lograr el bienestar de la población.

Había crisis ética, moral, social y política, era una etapa de descomposición de una dinastía, y Confucio observaba como se hundía su mundo en el caos y la barbarie, por lo que era menester recuperar los valores y principios morales de los antiguos o desarrollar nuevos, o ambas cosas a la vez, y a esto se dedicó el sabio pensador chino.

Era necesario lograr que las masas populares pudiesen confiar en sus dirigentes, pero sobre la base del buen trabajo de estos y su ejemplo personal cotidiano, por esto consideraba que la base del Estado radicaba en la confianza sobre los gobernantes y que estos estuviesen preparados técnica y moralmente para desarrollar su trabajo de gobernar al pueblo. Esta puede ser también la razón por la que Confucio mostrara desconfianza por la elocuencia de aquellos que se lucían hablando mucho, pero de forma vana e hipócrita, sin ser ejemplo de las palabras que expresaban, y sin ser dignos y capaces en el desempeño de sus funciones.

Por otra parte, en las "*Analectas*", texto fundamental donde se expone la doctrina de Confucio en forma de afirmaciones discontinuas, diálogos y frases breves atribuidas a este y los principios recogidos por sus discípulos, se aprecian contradicciones y cuestiones ocultas sobre las que él no se pronunciaba, porque alegaba que no se consideraba preparado y no creía oportuno hablar sobre Dios y lo que ocurre después de la muerte. Estos temas permanecen ocultos en las "*Analectas*", por eso, al no tratar las cuestiones del más allá puede que se pensase que él era agnóstico, pero de esto no hay pruebas suficientes, porque consideraba que de lo que no se conoce es preferible no emitir juicio alguno, cuestión que se aprecia con frecuencia en sus planteamientos éticos.

Desde nuestro punto de vista vemos las siguientes características del pensamiento de Confucio que se manifiestan en sus sentencias o axiomas.

-Búsqueda del equilibrio social y político.

-Igualdad y bienestar social y económico para todos.

-Derecho a la educación sin distinción de clases.

-Ejemplo personal de los funcionarios y gobernantes.

-Progreso Social.

-Respeto jerárquico y familiar.

-Derecho de los pueblos a rebelarse si son mal gobernados.

-El valor de la ética.

-Respeto a las costumbres.

A continuación trataremos de enmarcar las ideas básicas de Confucio en diferentes esferas de la estructura social y de gobierno, para constatar la vigencia y actualidad del pensamiento confucionista, así como la necesidad de tenerlas presentes por los que dirigen o son entes activos en este, aunque algunas de sus sentencias pudiesen o no estar incluidas en el lugar que se le ha asignado en esta clasificación, lo cual dejamos al respetado juicio del lector.

CAPÍTULO II

Confucio para gobernantes confusos

"Resulta totalmente imposible gobernar un pueblo si este ha perdido la confianza en sus gobernantes".

El gobierno o desgobierno de los pueblos, la necesidad de contar con verdaderos líderes mundiales que dirijan la sociedad actual en plena globalización, es en primer plano el aspecto más importante que debemos abordar de acuerdo a las doctrinas de Confucio, pues no podemos preguntarnos ahora ¿"Quo Vadis" Humanidad?, porque la respuesta que esperamos no puede ser "Voy a Roma para que me crucifiquen". No, la sociedad no merece tener este fin, a menos que seamos incapaces de dirigir nuestros actos y llegar a este funesto destino.

No, la humanidad debe proseguir su camino hacia el progreso y dejar el Apocalipsis a un lado, salvo que este sea el fin ineludible a que nos tiene deparado el destino. Pero aún así, el hombre, el ser humano está dado a luchar hasta el final de sus fuerzas, porque ¿qué hubiese sido de nuestros primeros antepasados que eran superados en todo por los fuertes y veloces animales carnívoros con los que le tocó convivir". Ellos, pese a su escasa inteligencia en la etapa inicial de la evolución de los humanos, y su falta de preparación para la lucha de igual a igual, encontraron en la cooperación social, en la elaboración de armas y herramientas de trabajo, una forma de equilibrar, igualar y superar las fuerzas de sus contrincantes, vencerlos y poder sobrevivir y evolucionar hasta alcanzar el inigualable grado de desarrollo científico, tecnológico y en fin cultural, al que hemos llegado actualmente

Pero el hombre en esta lucha no hizo las cosas de manera independiente, cada uno por su lado, sino de forma organizada, como ser social y bajo el mando del que se consideraba el más capaz, sino lo era con su fuerza, por su inteligencia. Y en una encrucijada semejante puede que se encuentren los seres humanos actualmente, los descendientes de aquellos "*homo sapiens*" y "*homus erectus*" primitivos.

Pero estos "líderes" de ahora, tal vez con retos aún mayores que aquellos hombres primitivos, deben tener presente preceptos o principios primordiales como los que aporta Confucio y dejamos que valoren ustedes qué gobernantes lo practican, o que los propios hombres de gobierno comprueben hasta que punto ellos lo llevan a cabo:

-Cuando el gobernante mismo obra rectamente, ejercerá influencia sobre el pueblo sin dar órdenes, y cuando el gobernante mismo no obra rectamente, todas sus órdenes serán inútiles.

-Si el gobernante se impone por sus cualidades y mantiene el orden en armonía con las buenas costumbres, el pueblo sentirá vergüenza de actuar mal y avanzará por el camino de la virtud.

-Para el buen gobierno de los reinos es necesaria la observancia de nueve reglas universales: el dominio y perfeccionamiento de uno mismo, el respeto a los sabios, el amor a los familiares, la consideración hacia los ministros por ser los principales funcionarios del reino, la perfecta armonía con todos los funcionarios subalternos y con los magistrados, unas cordiales relaciones con todos los súbditos, la aceptación de los consejos y orientaciones de sabios y artistas de los que siempre debe rodearse el gobernante, la cortesía con los transeúntes y extranjeros, y el trato honroso y benigno para con los vasallos.

-Si un gobernante rectifica su propia conducta, el gobierno es asunto fácil, y si no rectifica su propia conducta, ¿cómo puede rectificar a los demás?

-Cuando el hombre prudente es elevado a la dignidad soberana, no se enorgullece ni envanece por ello; si su posición es humilde, no se rebela contra los ricos y poderosos.

-Cuando el reino es administrado con justicia y equidad, bastará su palabra para que le sea conferida la dignidad que merece; cuando el Reino sea mal gobernado, y se produzca disturbios y sediciones, bastará su silencio para salvar su persona

-Quien se controla a sí mismo y por el bien, no tendrá dificultad alguna para gobernar con eficacia. Al que no sabe gobernarse a sí mismo, le resultará imposible ordenar la conducta de los demás hombres.

-¿Cuál es la esencia de un buen gobierno? No

resolver los asuntos con precipitación y no buscar el propio provecho.

-Es posible lograr que el pueblo siga al hombre bueno, pero nunca se le podrá forzar a que le comprenda.

-El cielo gobierna los acontecimientos del mundo sin ser visto; esta acción oculta del cielo es lo que se llama el destino.

-En público, compórtate siempre como si estuvieras ante un personaje muy distinguido; cuando debas dar alguna orden al pueblo, muestra el mismo respeto y dignidad como si estuvieras ofreciendo el gran sacrificio. No quieras para los demás lo que no quisieras para ti.

-Resulta totalmente imposible gobernar un pueblo si este ha perdido la confianza en sus gobernantes.

-Cuando el sabio toma una determinación, es imposible que el pueblo penetre en los verdaderos motivos de la misma. Cuando un príncipe se ve rodeado por hombres perversos, aduladores y servirles, ¿Acaso puede gobernar con acierto y eficacia?

-Lo primero que debe mirar el jefe es que su conducta sea sencilla, recta y justa en todo momento; de tener siempre en cuenta los consejos de los demás hombres, ha de controlar en todo momento sus propios actos, y nunca debe mandar despóticamente.
-¿Cuál es la esencia de un buen gobierno? No resolver los asuntos con precipitación y no buscar el propio provecho.

-Los ministros de un príncipe virtuoso deben evitar tres faltas: la petulancia, consistente en hablar cuando nadie les ha pedido su opinión; la timidez, que consisten no atreverse a expresar su opinión cuando se les invita a ello; y la imprudencia, que consiste en hablar sin haber observado antes el estado de ánimo del príncipe.

Si respetáis vuestra propia persona y a todos nuestros semejantes, nadie podrá despreciaros; si sois generosos, os ganaréis el afecto del pueblo; si sois sinceros, nadie desconfiará de vosotros; si todos vuestros actos os aproximan al bien, vuestro mérito será grande; el amor a los hombres es la mejor arma para gobernar con eficacia.

-El buen gobernante debe ser generoso sin caer en la prodigalidad; debe cobrar los impuestos suficientes para llevar una vida digna, sin caer en la codicia; su porte debe ser digno y grave, sin dejarse llevar por una vana ostentación; debe tener autoridad, sin que su mando sea despótico; debe exigir con cautela la colaboración del pueblo en los trabajos públicos, para no suscitar su resentimiento.

-Los cuatro vicios relativos al gobierno son los siguientes: no instruir al pueblo y ocultarse la verdad, lo cual recibe el nombre de " tiranía "; exigir una conducta perfecta a todos los ciudadanos sin informarles previamente sus obligaciones, lo que recibe el nombre de " opresión "; no tener prisa en dar las órdenes y pretender luego que se cumplan en el acto, lo que representa una grave injusticia; buscar siempre el propio provecho, lo que recibe el nombre de "egoísmo".

-*Si los hombres con canas pueden cubrirse con vestidos de seda y comer carne, si los jóvenes de negros cabellos dejan de padecer hambre y frío, la vida del reino será próspera. No ha existido ni un solo príncipe que obrando así haya dejado de alcanzar autoridad sobre su pueblo.*

-*No os preocupéis si no ocupáis un cargo oficial, preocuparos más bien de no merecerlo. No os preocupéis de no ser famosos, sino más bien de no tener méritos para serlo.*

-*Eleva a las personas honradas y colócalas por encima de las no honradas, y Ganarás el corazón de la gente. Si elevas a las personas no honradas y las sitúas por encima de las honradas, el pueblo te negará su apoyo.*

-*Para gobernar un Estado de tamaño medio, hay que despachar los asuntos con dignidad y buena fe; ser frugal y amar a todos; movilizar al pueblo sólo en los momentos adecuados.*

-*No puedo soportar la autoridad sin generosidad, la ceremonia sin reverencia, el duelo sin dolor.*

-*Cuando un hombre sirve a su señor cumpliendo con todos sus ritos, los demás piensan que es un adulador.*

-*Un soberano debe tratar a su ministro con cortesía, un ministro debe servir a su soberano con lealtad.*

-*Limítate a cultivar la piedad filial y sé bondadoso con tus hermanos, y ya estarás contribuyendo a la organización política."* Esa es también una forma de acción política; no es necesario participar *forzosamente en el gobierno.*

-Quien gobierna mediante la virtud es como la estrella Polar, que permanece fija en su casa mientras las demás estrellas giran respetuosamente alrededor de ella.

-Los bárbaros que tienen gobernantes son inferiores a los diversos Estados de China que no lo tienen.

-En el sacrificio al Antepasado de la dinastía, una vez que se ha hecho la primera ofrenda, no deseo ver el resto.

-Si un rey no gobierna con rectitud, es decir, si no colma de beneficios a su pueblo, es porque no quiere y no porque no pueda.

-Si un príncipe se entristece por las desgracias de su pueblo, los súbditos también sentirán pesar por las tristezas de su príncipe. Si el príncipe se alegra con la felicidad de su pueblo, y hace suyas las penalidades de sus súbditos, no tendrá dificultad alguna en su gobierno.

-Lo que hacen los gobernantes es luego imitado por el pueblo. No puedes, por consiguiente, acusar ahora al pueblo de su proceder ni condenarle por ello, pues ha imitado lo que había aprendido de su príncipe; ha devuelto lo que se le había dado.

-El noble que pretende fundar una dinastía no aspira a ser elevado a la dignidad Imperial, sino que se limita a preparar el camino para sus descendientes; si la voluntad del cielo le es propicia, será elevado el mismo a la suprema dignidad

-Quien pretenda someter a los hombres por la fuerza de las armas no alcanzará la sumisión de sus corazones; por esto, la violencia nunca es suficiente para dominar a los hombres. Quien conquista a los hombres por la virtud, consigue que todos se sometan a él sin reservas y con corazón alegre.

-Para la defensa de un reino no son suficientes ni las fortificaciones que se construyan, ni los obstáculos naturales que representan las montañas y los ríos, ni la abundancia de armas. La mejor defensa de un reino consiste en la decidida voluntad de sus habitantes, la cual se conquista mediante un gobierno humanitario y justo.

-Quien ocupa un cargo público y no puede cumplir con sus obligaciones debe dimitir.

-Los reinos pequeños imitan a los poderosos, pero se avergüenzan de recibir órdenes de ellos y no quieren acatarlas.

-Los reinos perecen a causa de su interna descomposición antes de que los demás reinos los ataquen.

-Si el príncipe es justo, nadie será injusto; si el príncipe es bondadoso, nadie será cruel.

-No lo pudo hacer por medio de palabras, porque el Cielo no habla. El Cielo manifiesta su voluntad a través de los méritos y buenas acciones de los hombres. Esta es la única manera con que manifiesta su voluntad. El Cielo ve a través de los ojos del pueblo; el Cielo oye a través de los oídos del pueblo

-Los ministros se conocen por las personas a quienes

acogen en su casa cuando están en la corte, y por las casas en que se alojan cuando están fuera de ella.

-El superior debe honrar y respetar la sabiduría de sus súbditos, y el inferior debe mostrarse respetuoso y cortés con sus superiores, en atención a la dignidad que ostentan; respetar la dignidad y honrar a los sabios son dos manifestaciones de un mismo deber.

-El pueblo no valora el mérito de un buen gobernante. El buen gobernante encamina al pueblo hacia el bien con su sola presencia, su acción es oculta e imperceptible como la de los espíritus. El influjo de su virtud se hace sentir por todas partes, como el de las sutiles fuerzas del cielo y de la tierra. La influencia de un buen gobernante no tiene límites.

-Los ejemplos de bondad penetran con mayor profundidad en el corazón de los hombres que las buenas palabras; es más fácil obtener el afecto del pueblo obrando con rectitud y aconsejándole rectamente, que mediante una administración eficaz y unas leyes justas.

-Yo no querría hacer a otros lo que no quiero que me hagan a mí.

-Como lugarteniente mío no hubiera escogido a quien lucha con tigres o atraviesa ríos sin sentir miedo. Más bien a alguien que estuviera lleno de temor antes de entrar en acción y prefiriera siempre una victoria lograda mediante la estrategia.

-Podéis confiarle el cuidado de un huérfano, podéis confiarle el gobierno de todo un país; si lo ponéis a prueba, permanece inalterable. ¿Es alguien así un caballero? Sin duda, lo es.

-Es difícil encontrar a un hombre que pueda estudiar tres años sin pensar en alcanzar un puesto.

-No entrometeros en el proceder de un cargo que no sea el vuestro.

-Antes de ocupar un cargo, los plebeyos deben profundizar primero en el conocimiento de los ritos y de la música, mientras que los nobles pueden dejarlos para después. Si yo tuviera que nombrar funcionarios, elegiría entre los primeros.

-Un gran ministro es un ministro que sirve a su señor siguiendo la Vía y que dimite cuando ambos son irreconciliables.

-Guía a los funcionarios. Perdona sus errores. Promueve a los hombres de talento. Promueve a los que conoces (bien). Los que no conoces difícilmente permanecerán ignorados,

-(Cuando) él (el soberano) es recto: las cosas marchan por sí mismas, sin necesidad de emitir órdenes. (Cuando) él (el soberano) no es recto: tiene que multiplicar las órdenes que de todos modos no son seguidas.

-Si un soberano pudiera emplearme, en un año haría que las cosas funcionaran y en tres años se verían los resultados.

-Un pueblo es fácilmente gobernado cuando sus superiores cultivan las costumbres sociales.

-Incluso con un rey sabio, se necesitaría toda una

generación para que prevaleciera la humanidad.

-Es difícil ser príncipe, no es fácil ser súbdito. Una máxima que pudiera hacer entender al soberano la dificultad de su tarea estaría cerca de asegurar la prosperidad del país.

-El único placer de ser príncipe es no tener que padecer nunca la contradicción. Si tienes razón y nadie te contradice, está bien; pero si estás equivocado y nadie te contradice, ¿no es este un ejemplo de una sola máxima que puede arruinar a un país?

-Haz feliz a la población local y atrae emigrantes de lejos.

-Aquel que se comporta con honor y, cuando se le envía en misión en las cuatro direcciones del mundo, no atrae la desgracia sobre su señor, merece ser llamado caballero. Sus parientes alaban su piedad filial y los vecinos de su pueblo elogian la forma en que respeta a los ancianos. ¿Y a continuación, si me atrevo a preguntar? Se puede confiar en su palabra; acaba todo lo que emprende. En esto, tal vez sólo muestre la obstinación de un hombre común, sin embargo, podría probablemente llamársele caballero de categoría inferior.

-No intentes acelerar las cosas. Ignora las pequeñas ventajas. Si aceleras las cosas, no alcanzarás tu meta. Si persigues las pequeñas ventajas, las grandes empresas no darán su fruto.

-Quien no tenga un cargo en el gobierno, no discute su política.

-Ningún caballero debería considerar lo que está por encima de su puesto.

-Un caballero debería avergonzarse si sus obras no están a la altura de sus palabras.

-Al final se pierde el poder que se alcanza gracias al conocimiento, pero que no puede mantenerse a través de la bondad. Pero el poder que se alcanza gracias al conocimiento y que se mantiene a través de la bondad puede no ser respetado por los demás si no se ejerce con dignidad.

-Cuando se sirve al príncipe, la dedicación al deber debe ser prioritaria a cualquier pensamiento de recompensa.

-Quien es fuerte permanece firme; quien se siente inadecuado se retira. ¿Qué clase de ayudante es aquel que no puede sujetar a su señor cuando vacila ni apoyarlo cuando se cae? Además, lo que dijiste es falso. Si un tigre o un rinoceronte se escapan de su jaula, si se rompe en su cofre una concha de tortuga o un jade, ¿nadie será responsable de ese accidente.

-Un caballero aborrece a las personas que inventan excusas para sus acciones en lugar de afirmar sencillamente: "Es esto lo que quiero." Siempre he oído que lo que preocupa al cabeza del estado o al jefe de un clan no es la pobreza, sino la desigualdad, no la falta de población, sino la falta de paz. Porque si hay igualdad, no habrá pobreza, y si hay paz, no habrá falta de población. Entonces, si los habitantes que viven en tierras lejanas siguen resistiéndose a tu atracción, debes atraerlos mediante la fuerza moral

de la civilización; y después, tras haberlos atraído, hacerlos disfrutar de tu paz. Pero ahora, con vosotros dos como ministros, vuestro señor es incapaz de atraer a los habitantes de tierras lejanas, su país está socavado por las divisiones y la agitación, no puede mantenerlo unido por más tiempo.

-¿Es posible servir a un príncipe en compañía de un canalla? Antes de alcanzar su posición, su único temor es el de no poder llegar a ella, y una vez que la obtiene, su único temor es poder perderla. Y cuando teme perderla, se vuelve capaz de todo.

-Detesto que el púrpura sustituya al bermellón; detesto que la música popular corrompa la música clásica; detesto que las falsas lenguas hagan caer reinos y clanes.

-Un caballero no descuida a sus parientes. No da la oportunidad a sus ministros de quejarse de que no se confía en ellos. Sin una grave causa, no despide a los viejos vasallos. De nadie espera la perfección.

-Un caballero gana primero la confianza de su gente y después puede movilizarla. Sin esa confianza, esta se puede sentir utilizada. Primero gana la confianza de su príncipe y después puede presentarle críticas. Sin esta confianza, el príncipe puede sentir que está siendo calumniado.

-Regula los pesos y las medidas, restablece los cargos que han sido abolidos, y la autoridad del gobierno llegará a todas partes. Restaura los estados que han sido destruidos; reanuda las líneas dinásticas interrumpidas, reinstala a los exiliados políticos y ganarás el corazón del pueblo en todo el mundo.

-Los asuntos que importan son: el pueblo, los alimentos, el duelo y los sacrificios.
La generosidad gana a las masas. La buena fe inspira confianza al pueblo. La actividad asegura el éxito. La justicia aporta alegría.

-Un caballero es generoso sin tener que gastar; hace trabajar a la gente sin que esta se queje; tiene ambición pero no rapacidad; posee autoridad, pero no arrogancia; es severo, pero no fiero.

-Si dejas que la gente haga lo que es beneficioso para ella, ¿no estás siendo generoso sin tener que gastar? Si haces que la gente trabaje sólo en lo que es razonable, ¿quién se quejará? Si tu ambición es la humanidad y si la realizas, ¿qué espacio queda para la rapacidad? Un caballero trata igualmente a los muchos y a los pocos, a los humildes y a los grandes, presta la misma atención a todos: ¿acaso no es eso tener autoridad sin arrogancia? Un caballero se viste correctamente, su mirada es recta, la gente lo mira con respeto.

-¿Qué son los Cuatro Males? El Maestro respondió: El terror que reposa en la ignorancia y en el crimen. La tiranía que exige resultados sin órdenes adecuadas. La extorsión, que se lleva a cabo a través de órdenes contradictorias. Los funcionarios que dan de mala gana a la gente lo que les es debido.

CAPÍTULO III

Confucio para una educación confusa

"Transmitid la cultura a todo el mundo, sin distinción de razas ni de categorías" .

Como era de esperar, la educación fue un tema recurrente en el pensamiento de Confucio, que se destacó en su vida sobre todo por eso, por ser un buen maestro, prueba es que sus discípulos fueron los autores de divulgar sus obras y algunos de ellos lo siguieron incluso, en el auto destierro a que quiso someterse, al viajar durante muchos años por los reinos de China.

Sin embargo, y cosa extraña, en muchas escuelas no se conoce o se habla de Confucio, y lo que es peor, algunos de sus principios educativos se achacan a otros pensadores posteriores, no pienso porque los hayan plagiado, si no porque en lo fundamental el pensamiento y el conocimiento oriental permaneció oculto para la cultura occidental durante siglos y en muchos casos ahora es que sale a la luz, o se comprende verdaderamente.

Confucio fue el primero en establecer un adecuado vínculo entre la educación y el poder político, partiendo de que los hombres no son designados desde que nacen para obtener cargos públicos, o para gobernar, lo que debe ganarse por las más aptos, los más sacrificados, los más persistentes. Estos, independientemente de su origen social, son los que deben gobernar, instruidos mediante un intenso y riguroso proceso educativo que forme los valores morales necesarios para ejercer funciones públicas. Lo que debe inspirar respeto es la educación del hombre, su capacidad intelectual y no el que sea rico o poderoso.

La educación confuciana era muy humanista y estaba abierta a todos sin ninguna discriminación: a ricos y pobres, a nobles y plebeyos. Su objetivo era principalmente ético, el desarrollo intelectual del ser humano como vía principal para lograr alcanzar un elevado nivel de preparación con valores morales profundos y suficientes para su desempeño social. La educación es necesaria para lograr conductas morales adecuadas, basada en principios rectos de actuación.

Confucio fue el primero, o tal vez uno de los primeros, en darse cuenta de que la educación es el verdadero instrumento para formar el hombre y hacerlo apto para desarrollarse y trabajar en la época que le toque vivir.

No se quiere decir con esto que Confucio se hizo maestro solo por vocación, incluso puede que a falta de otra actividad escogiera el magisterio como forma de ganarse la vida, o influir en la sociedad que le cerraba las puertas dada su condición social de huérfano de un funcionario de ilustre familia antigua, tirado a menos. En este sentido fue tan espectacular su desempeño que en China se le dio a conocer como "el Primer Maestro Supremo"

Pero lo cierto es que queriéndolo o no, escogió al final

el oficio adecuado y a través de sus clases, muchas veces en forma de charlas y diálogos con preguntas y respuestas, encontramos el pensamiento acertado de quien entendió que el progreso de una sociedad está en la calidad de la educación de sus miembros, y en este sentido abundan sus preceptos, que repito, muchas veces han llegado a nosotros por boca, o la pluma de terceros, sin que considere que fue un plagio al distinguido maestro chino.

Algunas de sus ideas las exponemos a continuación:

-*No enseñar a un hombre que está dispuesto a aprender es desaprovechar a un hombre.*

-*Transmitid la cultura a todo el mundo, sin distinción de razas ni de categorías.*

-*Estudia el pasado si quieres pronosticar el futuro.*

-*El enseñar a los niños a querer a sus padres y hermanos y a ser respetuosos con sus superiores, hecha los cimientos de correctas actitudes mentales y morales para llegar a ser buenos ciudadanos*

-*Pensar, sin aprender, es cansador y peligroso. Aprender, sin pensar, es vano.*

-*Escuchar muchas cosas y seleccionar de entre ellas lo bueno y seguirlo; ver muchas cosas y grabárselas en la mente; he aquí, al menos, el segundo grado de sabiduría.*

-*Yo no imparto enseñanza al que no se esfuerza sinceramente en aprender.*
Lo único que yo ambiciono y deseo es no caer en la

necesidad de vanagloriarme por mis virtudes y por mi inteligencia, y no pregonar mis buenas acciones.

-El saber consiste en admitir como saber lo que se sabe y como no saber lo que no se sabe.

-Quien aprende, no por ello penetra hasta la verdad; quien penetra hasta la verdad, no por ello es capaz de afianzarla; quien la afianza, no por ello está en condiciones de sopesarla en cada circunstancia particular. No hay nada más patente que lo secreto, ni nada más tangible que lo recóndito; por eso, el noble debe ser cauteloso con respecto a lo que él sólo es para sí. ¿En qué consiste la ciencia? En conocer a los hombres.

-No os avergoncéis de preguntar para resolver vuestras dudas, y meditad las respuestas que os hayan sido dadas.

-Las mejores palabras son aquellas que encierran un profundo significado y, al mismo tiempo, resultan comprensibles para todo el mundo.

-Quien ha nacido en nuestros días y retorna a los modos de la antigüedad es un estúpido y labra su propia desgracia.

-Cuando el pueblo es tan numeroso, ¿qué puede hacerse en su bien? Hacerlo rico y feliz. Y cuando sea rico, ¿Qué más puede hacerse por él? Educarlo.

-De cualquier forma, quien es suficientemente perseverante para transitar este camino, si es necio, llegará a ver claro; si es débil, llegará a ser fuerte.

-Yo no innovo, transmito: soy fiel, amo a la antigüedad.

- Si tenéis algún defecto, procurad corregirlo.

-La sabiduría y la prudencia de nada sirven si no se presenta una ocasión propicia; los buenos arados nada pueden por sí solos, si no se presenta una estación favorable.

-Las penas y privaciones agudizan la inteligencia y fortalecen la prudencia.

-Enseñar a quien no está dispuesto a aprender es malgastar las palabras.

-El noble sólo busca la verdad y no se aferra con ciega obstinación a su criterio.

-Cuando las familias individuales han aprendido la bondad, entonces la nación entera ha aprendido la cortesía.

-La verdadera ciencia consiste en conocer que se sabe lo que realmente se sabe, y que se ignora lo que en verdad se ignora. En esto consiste la verdadera sabiduría.

-Si uno se sabe de memoria las trescientas piezas del cancionero, pero cuando se le encargan las funciones de gobierno no es capaz de desempeñar (el puesto), o mandado en calidad de enviado al extranjero no se sabe contestar por sí mismo, ¿de qué sirve tanta erudición?

-Cosa del cielo es poseer la verdad, cosa del hombre

es buscar la verdad. Quien posee lo verdadero acierta lo justo sin esfuerzo, logra el éxito sin reflexionar.

-Un pueblo sólo puede ser guiado por costumbres, no por saber.

-Hacer verdaderos los pensamientos significa no engañarse a sí mismo.

-Quien tiene la íntima sustancia, también tiene las palabras; quien tiene palabras, no siempre tiene también la íntima sustancia.

-Los caminos del sabio son elevados e inasequibles. Sus actos pueden ser admirados, pero no imitados.

-¿No es una alegría aprender algo y después ponerlo en práctica a su debido tiempo? ¿No es un placer tener amigos que vienen de lejos? ¡No es rasgo de un caballero no incomodarse cuando se ignoran sus méritos?-

-Abordar una cuestión por el lado equivocado es sin duda dañino.

-Recoge mucha información, deja de lado lo que sea dudoso, repite con cautela el resto; entonces rara vez te equivocarás. Haz muchas observaciones, deja de lado lo que sea sospechoso, y pon en práctica con cautela el resto; entonces tendrás pocas ocasiones de lamentarte. Con pocos errores en lo que dices y pocos lamentos en lo que haces, tu carrera está hecha.

-Lo único que podemos saber de música es lo siguiente: primero, hay una apertura con todos los instrumentos tocando al unísono; a partir de aquí

fluye con armonía, claridad y continuidad; y después termina.

-En la antigüedad se era reticente a hablar, porque se temía la deshonra de que las obras no estuviesen a la altura de las palabras.

-Dejé de comer y de beber para meditar; es inútil: más vale aprender.

-El carpintero hábil no se hace torpe para poder ser imitado por cualquiera de sus ayudantes.

-Cuando tenía quince años, estaba empeñado en aprender; a los treinta, contaba con una base firme; a los cuarenta, ya no tenía dudas de nada; a los cincuenta, conocía la ley del cielo; a los sesenta, tenía los oídos bien abiertos; a los setenta, era capaz de satisfacer los deseos de mi corazón sin excederme.

-Es preciso conocer el fin hacia el que debemos dirigir nuestras acciones. En cuanto conozcamos la esencia de todas las cosas, habremos alcanzado el estado de perfección que nos habíamos propuesto.

-El sabio pretende que sus acciones virtuosas pasen desapercibidas a los hombres, pero día por día se revelan con mayor resplandor; contrariamente, el hombre inferior realiza con ostentación las acciones virtuosas, pero se desvanecen rápidamente. La conducta del sabio es como el agua: carece de sabor, pero a todos complace; carece de color, pero es bella y cautivadora; carece de forma, pero se adapta con sencillez y orden a las más variadas figuras.
-Sin ofrecer bienes materiales el sabio se gana el amor de todos; sin mostrarse cruel ni encabezado, es

temido por el pueblo más que las hachas y las lanzas.

-Si el hombre sabio observa una conducta displicente, no inspirará respeto; si se limita a estudiar, sus conocimientos no serán profundos. Debéis ser siempre sinceros, fieles y actuar con buena fe. No entabléis amistad con personas de virtud o conocimientos inferiores a los vuestros. Si tenéis algún defecto, procurad corregirlo.

-Aprende a escuchar sin descanso para disipar tus dudas; mide tus palabras, para que nada de lo que digas sea superfluo; sólo de este modo lograrás evitar todo error. Obsérvalo todo, para prevenir los daños que pudiera ocasionarte una insuficiente información. Controla tus acciones, y así no tendrás que arrepentirte con frecuencia de ellas. En cuanto hayas conseguido que tus palabras sean normalmente rectas, y no debas arrepentirte con frecuencia de tus acciones, serás digno del cargo que ocupas.
-Es mejor amar la verdad que el frío conocimiento de la misma; es mejor complacerse en la práctica de la verdad, que el simple amor hacia ella.

-Las palabras han de expresar con fidelidad nuestro pensamiento.

-Sólo los hombres de profunda inteligencia y los necios de mente más obtusa permanecen invariables.

-Puede calificarse como "amante del estudio "quien cada día adquiere un conocimiento nuevo, y cada mes retiene lo que ha aprendido.

-Si los maestros enseñan con claridad los deberes a todos los ciudadanos del reino, estos vivirán entre sí

en concordia y armonía.

-Buscáis el camino recto a lo lejos y lo tenéis junto a vosotros. Creéis que el bien consiste en la realización de cosas difíciles, cuando no es más que realizar con rectitud las cosas fáciles.

-Hay hombres que tienen fama de grandes creadores porque nunca nadie les ha refutado sus endebles argumentos. Uno de los principales defectos de los hombres consiste en pretender erigirse en modelo de los demás.

-El hombre sabio, en cuanto ha alcanzado una virtud, se aferra fuertemente a ella y ya no la pierde jamás; en cuanto ha perfeccionado al máximo la virtud adquirida, la guarda cuidadosamente en su interior como fuente inagotable de energía.

-Si no se aprende, la sinceridad se trueca en grosería; la valentía, en desobediencia; la constancia, en caprichoso empecinamiento; la humanidad, en estupidez; la sabiduría, en confusión; la veracidad, en ruina.

-Cuando el Cielo quiere conferir a alguien una difícil misión, antes pone a prueba la fortaleza de su ánimo y el equilibrio de su mente con las dificultades de una vida dura; fatiga sus músculos y todo su cuerpo con rudos trabajos, que ponen a prueba su resistencia; mortifica su carne y su piel con los rigores del hambre y del frío; les somete a las mayores privaciones de la miseria; determina que no tengan éxito en sus empresas para que se enfrenten con el fracaso. De este modo, el cielo estimula sus virtudes, fortalece su cuerpo y les hace aptos para afrontar las dificultades con que tropezarán en el cumplimiento de su alta misión. La dificultad es lo que más estimula al hombre a vencer sus deficiencias y superarlas. Sólo *cuando se han padecido toda clase de privaciones y trabajos, sólo cuando se ha visto el rostro de la miseria, sólo entonces es posible conocer a fondo la naturaleza humana.*

-El hombre cumple la voluntad del Cielo cuando se esfuerza en perfeccionarse a sí mismo.

-Si buscáis encontraréis, si sois negligentes lo perderéis todo. El que busca lo que está en su interior lo descubrirá y lo alcanzará; el éxito de esta búsqueda es seguro, una ley invariable garantiza la adquisición de lo que se busca. Si, por el contrario, buscamos lo que está fuera que nosotros, todos los esfuerzos resultarán infructuosos.

-Es preferible desconocer los libros históricos, que aceptar incondicionalmente cuanto en ellos se refiere.

-Para que nuestras palabras estén siempre conformes con la equidad, es preciso evitar la excesiva familiaridad con quienes nos rodean; él mutuo respeto es la mejor defensa contra las palabras descorteses y groseras. Si el hombre culto habla cuando debería callar, todos quedan perplejos ante sus palabras; si, por el contrario, el hombre culto calla cuando debería hablar, todos quedan desconcertados ante su silencio.

-Personalmente no estoy dotado con conocimiento innato. Soy simplemente un hombre que adora el pasado y es diligente en investigarlo.

-Ponedme en compañía de dos personas al azar, e invariablemente tendrán algo que enseñarme. Puedo tomar sus cualidades como modelo y sus defectos

como advertencia.

-En una aldea de diez casas, podrán encontrarse sin duda personas leales y fieles como yo, pero no encontraréis a alguien tan amante del conocimiento.

-Sé un noble erudito y no un vulgar arrogante.

-Cuando la naturaleza prevalece sobre la cultura, se tiene a un salvaje; cuando la cultura prevalece sobre la naturaleza, se tiene a un pedante. Cuando naturaleza y cultura están en equilibrio, se tiene a un caballero.

-Yo me limito a transmitir, no invento nada. Confío en el pasado y lo amo.

-Un erudito debe ser fuerte y resuelto, puesto que su carga es pesada y su jornada larga. Su carga es la humanidad, ¿acaso no es esta pesada? Su jornada se termina sólo con la muerte, ¿acaso no es esta larga?

-Se pueden exponer cosas superiores a personas corrientes; pero no se pueden exponer cosas superiores a personas inferiores.

-Asegura los derechos de la gente; respeta a espíritus y dioses, pero mantenlos a distancia: sin duda, esto es la sabiduría.

-Nunca negué mis enseñanzas a nadie que las buscase, aunque fuera demasiado pobre para ofrecer algo más que un detalle de agradecimiento por su educación.

-Yo instruyo sólo a los entusiastas; sólo guío a los

fervientes. Destapo sólo una parte de la cuestión, y si el estudiante no puede descubrir el resto, no digo más.

-*Sin duda soy afortunado; cada vez que cometo un error, siempre hay alguien para señalarlo.*

-*Tal vez haya personas que puedan actuar sin conocimiento, pero yo no soy una de ellas. El mejor sustituto para el conocimiento innato es escuchar mucho, escoger lo mejor y seguirlo; ver mucho y conservar la imagen.*

-*No afirmo ser sabio ni haber alcanzado la perfección humana. ¿Cómo me atrevería a afirmarlo? Sin embargo, mi meta permanece inalterable y nunca me canso de enseñar a la gente.*

-*Aprender es como cazar, ya que cuando no obtienes la pieza (cuando no comprendes), temes perder lo que ya has obtenido.*

-*Hay brotes que nunca llegan a flor, hay flores que nunca llegan a fruto.*

-*La naturaleza es cultura, la cultura es naturaleza. Sin su pelo, la piel de un tigre o de un leopardo es exactamente lo mismo que la de un perro o la de una oveja.*

-*Un caballero hace amigos gracias a su cultura y con ellos cultiva su humanidad.*

-*En la antigüedad las personas estudiaban para mejorar. Hoy día, estudian para impresionar a los demás.*

-Se necesita ser enseñado por buenos hombres siete años antes de poder tomar las armas.

-Enviar a alguien a la guerra que no ha sido apropiadamente instruido es mandarlo a la tumba.

-Yo no me jacto de tener una lengua inteligente, simplemente detesto la testarudez.

-Yo no acuso al Cielo, ni culpo a los hombres; aquí abajo estoy aprendiendo y ahí arriba se me está escuchando. Si soy comprendido, debe ser por el Cielo.

-La máxima sabiduría consiste en evitar el mundo; a continuación, evitar ciertos lugares; después, evitar ciertas actitudes; por último, evitar ciertas palabras.

-En el camino de la virtud, no tengáis miedo de superar a vuestro maestro.

-Mis enseñanzas se dirigen a todos sin hacer diferencias.

-Las palabras sirven simplemente para comunicar.

-Cuando tratéis con un hombre que es capaz de entender vuestras enseñanzas, si no le enseñáis, hacéis que su talento se desperdicie. Cuando tratáis con un hombre que es incapaz de entender vuestras enseñanzas, si lo enseñáis, desperdiciáis vuestras enseñanzas. Un maestro sabio no desperdicia a un hombre ni desperdicia sus enseñanzas.

-Un hombre que no se preocupa del futuro está

condenado a preocuparse del presente.

-No soporto a aquellos que son capaces de pasar todo el día exhibiendo su ingenio sin dar con una sola verdad.

-Todavía puedo recordar que hubo un tiempo en el que cuando los escribas encontraban una palabra dudosa dejaban un espacio en blanco, y en el que los propietarios de caballos hacían que los nuevos fuesen probados por un experto. Hoy día, ya no se siguen esas prácticas.

-En un intento de meditar, una vez pasé todo un día sin comer y la noche sin dormir, pero no me sirvió de nada. Es mejor estudiar.

-Quienes poseen el conocimiento innato pertenecen al rango más alto. A continuación vienen los que adquieren el conocimiento a través del aprendizaje. Los siguientes son aquellos que aprenden a través de las vicisitudes de la vida. En la categoría inferior están las personas ordinarias que atraviesan las vicisitudes de la vida sin aprender.

-Amar la humanidad sin amar el aprendizaje degenera en necedad. Amar la inteligencia sin amar el conocimiento degenera en frivolidad.

-Amar la caballerosidad sin amar el conocimiento degenera en bandidismo. Amar la franqueza sin amar el conocimiento degenera en brutalidad.

-Amar el valor sin amar el conocimiento degenera en violencia. Amar la fuerza sin amar el conocimiento degenera en anarquía.

-Hijos míos, ¿por qué no estudiáis los Poemas? Los Poemas pueden ofreceros el estímulo y la observación, la capacidad de comunión y un vehículo para el dolor. En casa os permite servir a vuestro padre y, fuera, servir a vuestro señor. También podéis aprender en ellos los nombres de muchos pájaros, animales [que no vuelan], plantas y árboles.

-Quien día tras día recuerda lo que todavía tiene que aprender, y mes tras mes no olvida lo que ya ha aprendido, es realmente alguien a quien le apasiona el conocimiento.

-Amplía lo que aprendes y mantente en tu propósito; investiga de cerca y reflexiona sobre las cosas que están a mano. Entonces encontrarás la plenitud de tu humanidad.

-Los cien artesanos viven en sus talleres para perfeccionar sus artesanías. Un caballero continúa aprendiendo para alcanzar la verdad.

-El tiempo libre de la política debe dedicarse al conocimiento. El tiempo no dedicado a aprender debe dedicarse a la política.

-No puedo soportar esas gentes que llenan su vientre todo el día, ¡sin utilizar su cerebro! ¿Por qué no pueden jugar al ajedrez? Al menos, eso seria mejor que nada.

CAPÍTULO IV

Confucio para una ética confusa

"Quien desea para los demás lo mismo que desearía para sí, y no hace a sus semejantes lo que no quisiera que le hicieran a él, este posee la rectitud de corazón y cumple la norma de conducta moral que la propia naturaleza racional impone al hombre".

Con respecto a la ética, la moral, el decoro, las buenas conductas y todo lo que va asociado a esta serie de conceptos, fue uno de los aspectos del quehacer cotidiano del ser humano donde se manifestaron con más claridad las máximas, consejos, preceptos o todo lo que Confucio predicó para que el comportamiento de los hombres, pero preferentemente el de los funcionarios y gobernantes, se ajustase a los ideales necesarios para lograr el bienestar humano y social, que el pensador consideraba sería el marco de felicidad en que debía vivir el hombre, en las condiciones de la época histórica que le tocó vivir en la antigua China.

Y es que no se puede decir que Confucio hiciera novedosos aportes a las doctrinas morales de la época, sino que simplemente expresara verbalmente como sería el ideal de conducta de los ciudadanos, aunque en la práctica no se llevaran a cabo y que el mismo fracasara en adquirir un puesto estable de aquella dinastía de burócratas.

Sí, lo que no pudo alcanzar Confucio en la práctica, lo expresó como normas de comportamiento para los que ostentaban responsabilidades públicas y de gobierno, creando una escuela, el *"Confucianismo"*, no el *"confusionismo"* como alguien pudiese malinterpretar, si esto va asociado con confusión.

Las ideas de Confucio no fueron aplicadas consecuentemente en su época, pero sí por las dinastías subsiguientes, sobre todo la "Han", que gobernó China durante cuatro siglos afianzándose en la base conceptual de la doctrina confucionista, lo que le permitió alcanzar un alto grado de esplendor en su relativamente larga existencia.

El ideal de Confucio no estaba en abolir las normas, sino en normar lo que de acuerdo a su doctrina pudiese coadyuvar a lograr un verdadero equilibrio en las relaciones sociales existentes y también en las familiares, en el respeto de los hijos a los padres, de los hermanos menores a los mayores, de las mujeres a sus maridos etc. pero y es muy importante siempre señalar, partiendo de que los que llevaban la dirección cumplieran y fueran ejemplo en sus funciones. Claro las ideas sobre este tipo de subordinación, independientemente de la salvedad final, adolece de que no existe motivo alguno para que la mujer este subordinada al marido, por lo que en un sentido más igualitario estas ideas precisan de una actualización y su vigencia no puede tomarse al pie de la letra.

Uno de los pilares básicos sobre los que se sustenta el Confucianismo, y no estoy haciendo un análisis filosófico del problema, es el del *"ejemplo"*, llevado a su máxima expresión por parte de los dirigentes, sin este no puede lograrse nada y su no observancia podría llegar hasta la justificación de la rebelión, considerada entonces como una blasfemia, un pecado, un peligroso delito ponerlo encima de la mesa, en una sociedad en que lo más común es que nadie mantuviese una conducta ejemplar, en otras palabras, era una forma de buscarse enemigos por todas partes. Pero Confucio asumió el reto.

Porque para Confucio una sociedad justa, humana, donde imperara la bondad y el bienestar sólo podría lograrse sobre el ejemplo de los que la dirigían e integraban, y esto si no se ha logrado aún hoy, en la sociedad actual, imagínense como podría llevarse a cabo hace 2 500 años.

Pero bien, sin entrar en más conjeturas, los dejamos con algunos axiomas que integran la doctrina ética de Confucio, muchos de ellos de un valor y una actualidad indiscutible.

-¿Me preguntas por que compro arroz y flores? Compro arroz para vivir y flores para tener algo por lo que vivir.

-Cuando empecé a tratar con los hombres, escuchaba sus palabras y confiaba en que sus acciones se ajustarían a las mismas. Ahora, al tratar con los hombres, escucho sus palabras y al propio tiempo observo sus acciones.

- El hombre prudente es parco en el hablar pero activo en el obrar.

- La cortesía que debe presidir nuestras actuaciones cotidianas se fundamenta principalmente en el

respeto y comprensión hacia todos.

-Mi doctrina toda se resume en una sola cosa: «tchung» (el medio); o, acaso, en una sola palabra: «shu» (igualdad, reciprocidad, amor al prójimo).

-El noble no se desentiende de sus semejantes.

-Cuando uno examina su propia interioridad y comprueba que no hay en ella nada malo, ¿por qué habría de ser triste, qué tiene que temer?

-Se puede calificar de hombre superior el que primero pone en práctica sus ideas, y después predica a los demás lo que él ya realiza.

-Tan malo es pasar de la medida como no alcanzarla.

-El noble no expresa nunca su parecer sobre las cosas que no comprende. Busca la máxima precisión en sus palabras; esto es lo más importante

-Quien ama a los hombres afianza a los hombres, pues él mismo desea ser afianzado; ayuda a los hombres a lograr éxito, pues él mismo desea lograr éxito.

-¿En qué consiste la bondad? En amar a todos los hombres.

-La verdad no puede apartarse de la naturaleza humana. Si lo que consideramos verdad se aparta de la naturaleza humana, entonces no puede ser verdad.

-El hombre que no medita y obra con precipitación, no podrá evitar grandes fracasos. Debes tener

siempre fría la cabeza, caliente el corazón y tendida la mano.

-Cuando el corazón se agita, se ofrenda rutinariamente. Por eso, sólo el sabio es capaz de agotar el sentido de la ofrenda. Nada es más digna de admiración en un hombre noble que el saber aceptar e imitar las virtudes de los demás.

-El que domina su cólera domina su peor enemigo.

-El sendero recto no es seguido. Yo conozco la causa de ello. Los hombres instruidos lo rebasan; los ignorantes no lo alcanzan. Los hombres de virtud fuerte llegan más allá; los de virtud débil no llegan. El hombre de virtud auténtica persevera naturalmente en la práctica del medio igualmente alejado de los extremos

-El mayor defecto de los hombres consiste en preocuparse arrancar la cizaña de los campos ajenos, descuidando el cultivo de sus propios campos

-El noble promueve lo que tiene de hermoso el hombre, el vil lo que tiene de feo.

-Reflexionar con calma antes de adoptar ninguna determinación, no cansarse nunca de obrar el bien, y tratar cada asunto según convenga.

-Un hombre no trata de verse en el agua que corre, sino en el agua tranquila, porque solamente lo que en sí es tranquilo puede dar tranquilidad a otros.

-El que habla en exceso y sin cordura raras veces pone en práctica lo que dice. El hombre noble nunca

teme que sus palabras superen a sus obras.

-El que sabe mantener un porte digno aún cuando se halla entre sus amigos, conseguirá que sus más íntimos amigos sientan un gran respeto hacia él.

-La medida y el medio son la culminación de la naturaleza humana. El estado en el cual aún no se manifiesta la esperanza, ni la ira, ni la tristeza, ni la alegría, se llama el medio. El estado en el cual ellas se manifiestan pero aciertan el ritmo justo se llama la armonía.

-El silencio es el único amigo que jamás traiciona.

-Todo le es perdonado a quien no se perdona nada a sí mismo.

-El autocontrol rara vez le lleva a uno a equivocarse.

-Cuando veáis a un hombre honrado, intentad imitarlo. Cuando veáis a un hombre que no es honrado, examinaros a vosotros mismos (examinad si tenéis los mismos defectos).

-Cuando se está al servicio de un señor, la mezquindad atrae la desgracia; en las relaciones de amistad, la mezquindad atrae el distanciamiento.

-Sólo un hombre benevolente puede amar y odiar a los demás.

-Cuando se busca realizar la humanidad, no hay lugar para el mal.

-Nuestras faltas nos definen. A partir de ellas se

puede conocer nuestras cualidades.

-Es hermoso vivir en medio de la humanidad. Difícilmente es sabio escoger un lugar para vivir desprovisto de humanidad:

-Un hombre sin virtud no puede soportar la adversidad ni la alegría durante mucho tiempo. Un hombre bueno descansa en su humanidad. Un hombre sabio sabe cómo utilizarla.

*-Un hombre que valora la virtud más que la buena apariencia, que dedica toda su energía a servir a su padre y a su madre, que está dispuesto a dar su vida por su
Soberano, y que en la relación con sus amigos es leal a su palabra, aunque alguno pueda llamarlo inculto, yo seguiré manteniendo que es un hombre educado.*

-Si no hago sacrificios con todo mi corazón, es lo mismo que si no los hiciera.

-Lo que está hecho, está hecho; pertenece todo al pasado, y no sirve para nada discutir.

-En el tiro con arco, no importa atravesar o no el blanco, ya que los arqueros pueden tener distinta fuerza. Así es corno se pensaba antaño.

-Averigua las razones de un hombre para actuar, observa cómo actúa y examina en qué encuentra la paz. ¡Hay algo más que nos pudiera ocultar?

-Si un hombre no tiene humanidad, ¿para qué le sirven los ritos? Si un hombre no tiene humanidad, ¿para qué le sirve la música?

-Un caballero come sin llenar su vientre; escoge una morada sin exigir comodidad; es diligente en su trabajo y prudente en su hablar; busca la compañía de los virtuosos para corregir su propio proceder. De un hombre así puede decirse en verdad que tiene el deseo de aprender.

-Manejado por maniobras políticas y contenido con castigos, la gente se vuelve astuta y pierde la vergüenza. Conducidos por la virtud y moderados por los ritos desarrollan el sentido de la vergüenza y de la participación.

-El caballero considera el todo en lugar de las partes. El hombre común considera las partes en lugar del todo.

-Poseer capacidad y talentos, y aceptar la opinión de los que carecen de ellos; tener mucho y aceptar la opinión de los que no tienen nada; ser rico y comportarse como siendo pobre; estar lleno y parecer vacío y desprovisto de todo; dejarse ofender sin manifestar resentimiento; en otro tiempo tenía un amigo que se comportaba así en la vida.

-Para que pueda trabarse una verdadera amistad, es preciso prescindir de la superioridad que puedan otorgar la edad, los honores, las riquezas o el poder. El único motivo que nos debe incitar a la amistad es la búsqueda de las virtudes y el mutuo perfeccionamiento.

-No debe afligirnos el que los hombres no os conozcan. Lo lamentable es que no seáis dignos de ser conocidos por los hombres.

-Una virtud nunca puede subsistir aislada; siempre ha de hallarse protegida por otras virtudes.

-Las desgracias, al igual que la fortuna, sólo llegan cuando las hemos buscado con nuestros actos.

-Si el hombre sabio observa una conducta displicente, no inspirará respeto; si se limita a estudiar, sus conocimientos no serán profundos. Debéis ser siempre sinceros, fieles y actuar con buena fe.

-El que no es fiel y sincero con sus amigos, jamás gozará de la confianza de sus superiores

-Una posición eminente sin nobleza de carácter, culto sin veneración, prácticas funerarias sin sincero dolor: he aquí situaciones que no soporto.

-El hombre noble conserva durante toda su vida la ingenuidad e inocencia propias de la infancia.

-El que acepta sufrir, sufrirá la mitad de la vida; el que no acepta sufrir, sufrirá durante su vida entera.

-Cuando uno no sabe aún lo que es la vida, ¿cómo podría conocer lo que es la muerte?

-No puede ser calificado de noble quien desconoce la voluntad del cielo, no puede estar asentado sobre una base firme quien ignora las leyes de las conveniencias («li»); no puede conocer a los hombres quien no entiende de las palabras de ellos.

-Desde el hombre más noble al más humilde, todos tienen el deber de mejorar y corregir su propio ser.

-Para conseguir que nuestras intenciones sean rectas y sinceras debemos actuar de acuerdo con nuestras inclinaciones naturales.

-Cuando el alma se haya agitada por la cólera, carece de esta fortaleza; cuando el alma se halla cohibida por el temor, carece de esta fortaleza; cuando el alma se halla embriagada por el placer, no puede mantenerse fuerte; cuando el alma se halla abrumada por el dolor, tampoco puede alcanzar esta fortaleza. Cuando nuestro espíritu se haya turbado por cualquier motivo, miramos y no vemos, escuchamos y no oímos, comemos y no saboreamos.

-Lo que desapruebes de tus superiores, no lo practiques con tus subordinados, ni lo que desapruebes de tus subordinados debes practicarlo con tus superiores. Lo que desapruebes de quienes te han precedido no lo practiques con los que te siguen, y lo que desapruebes de quienes te siguen no lo hagas a los que están delante de ti.

-La situación en que nos hayamos cuando todavía no se han desarrollado en nuestro ánimo la alegría, el placer, la cólera o la tristeza, se denomina "centro". En cuanto empiezan a desarrollarse tales pasiones sin sobrepasar cierto límite, nos hallamos en un estado denominado "armónico" o "equilibrado". El camino recto del universo es el centro, la armonía es su ley universal y constante.

-Cuando el centro y la armonía han alcanzado su máximo grado de perfección, la paz y el orden reinan en el cielo y en la tierra, y todos los seres alcanzan su total   desarrollo.

-El hombre noble, cualesquiera que sean las

circunstancias en que se encuentre se adapta a ellas
con tal de mantenerse siempre en el centro. En cuanto
conseguía una nueva virtud, se apegaba a ella, la
perfeccionaba en su interior y ya no la abandonaba
en toda la vida.

-Mucho más excelente es la virtud del que permanece
fiel a la práctica del bien, aunque el país se halle
carente de leyes y sufra una deficiente
administración.

-El camino recto o norma de conducta moral debemos
buscarla en nuestro interior. No es verdadera norma
de conducta la que se descubre fuera del hombre, es
decir, la que no deriva directamente de la propia
naturaleza humana.

-Quien desea para los demás lo mismo que desearía
para sí, y no hace a sus semejantes lo que no quisiera
que le hicieran a él, este posee la rectitud de corazón
y cumple la norma de conducta moral que la propia
naturaleza racional impone al hombre.

-Si antes de ponernos a hablar determinamos y
escogemos previamente las palabras, nuestra
conversación no será vacilante ni ambigua. Si en
todos nuestros negocios y empresas determinamos y
planeamos previamente las etapas de puesta
actuación, conseguiremos con facilidad el éxito. Si
determinamos con la suficiente antelación nuestra
norma de conducta en esta vida, en ningún momento
se verá nuestro espíritu asaltado por la inquietud. Si
conocemos previamente nuestros deberes, nos
resultará fácil su cumplimiento.

-Contrólate a ti mismo hasta en tu casa; no hagas, ni
aún en el lugar más secreto, nada de lo que puedas

avergonzarte.

-Conocer lo que es justo y no practicarlo es una cobardía.

-Observad a los sabios para comprobar si vosotros poseéis sus virtudes. Observad también a los perversos para meditar en vuestro interior si estáis libres de sus defectos.

-No he conocido a ningún hombre que obrara siempre de acuerdo con sus principios.

-Yo no hago a los demás lo que no quisiera que ellos hicieran conmigo.

-Lo único que yo ambiciono y deseo es no caer en la necesidad de vanagloriarme por mis virtudes y por mi inteligencia, y no pregonar mis buenas acciones.

-No he hallado todavía ningún hombre santo; como máximo sólo he logrado conocer a algún hombre sabio. No comprendo cómo puede haber hombres que actúen sin saber lo que hacen.

-Cuando el hombre se halla cerca de la muerte, sus palabras son sinceras y veraces.

-Cuando uno no ha alcanzado todavía la perfección en el servicio de los hombres, ¿Cómo es posible que sea digno de servir a los espíritus?

-¿Qué es la muerte? Si todavía no sabemos lo que es la vida, ¿Cómo puede inquietarnos el conocer la esencia de la muerte.

-El hombre bondadoso es mesurado al hablar. El

hombre noble es el que nunca sientes pesar ni temor. Sólo el que cuando se examina en su interior no encuentra nada malo puede verse libre de todo pesar y de todo temor.

-Buscar ante todo la rectitud de nuestras palabras, y ajustar luego nuestra conducta a ellas. Obrar siempre de acuerdo con la justicia, para perfeccionarnos cada día en su realización. Las inquietudes interiores provienen de desear la vida de quienes se ama, mientras que se desea la muerte de aquellos a quienes se podía, ya que ello es como desear al mismo tiempo la vida y la muerte de alguien. El hombre perfecto no pone su máxima aspiración en las riquezas.

-Si todos los habitantes de nuestra aldea sienten afecto hacia un hombre, ¿Qué debemos opinar de él? Este hecho no resulta suficiente para emitir un juicio sobre dicho hombre.

-El hombre vulgar es vano y orgulloso, aún cuando su posición no sea elevada. Se halla muy cerca de la perfección el hombre que es constante, paciente, humilde y mesurado en el hablar.

-La prudencia aconseja no indignarse cuando los hombres nos engañan, no entristecerse cuando son infieles. El hombre prudente prevé siempre estas eventualidades.

-¿Qué es lo más importante para alcanzar una conducta correcta? Ser sincero en todo momento y mantener siempre la palabra dada. Procurar que aún el menor gesto refleje la dignidad interior, y no cometer ninguna acción asombrosa. Si obras así, tu conducta será admirada en todos los lugares, aún entre los pueblos bárbaros. Por el contrario, si no *eres sincero, si faltas a tus promesas, si tus gestos no son dignos o tus acciones son deshonrosas, tu conducta será despreciada tanto en una ciudad de 10 000 familias como en un villorrio de 35 vecinos*

-El hombre que no medita y obra con precipitación, no podrá evitar grandes fracasos.

-No he hallado a nadie que amase las virtudes con la misma intensidad con que se ama la belleza corporal.

-El hombre que no examina cada día en su interior lo que debe hacer, lo que debe imitar, lo que debe aconsejar, y lo que debe reprochar, no hará nada bueno en su vida.

-Cuando permanecen muchas personas reunidas durante todo un día, no todo lo que se comenta es justo y equitativo. Es muy frecuente se hable sobre cosas vulgares y que abunden las conversaciones necias.

-El noble no da crédito a las palabras por la sola autoridad de quien las pronuncia; tampoco rechaza la verdad aunque provenga de una persona ignorante.

-La inconstancia y la impaciencia destruyen los más elevados propósitos.

-Cuando la muchedumbre desprecia a alguien, debéis examinar con objetividad su conducta antes de emitir vuestra opinión. También cuando la multitud aclama a alguien, es preciso contemplar con imparcialidad sus obras antes de aprobarlas.

-El hombre puede ensalzar las excelencias de la

virtud, pero la virtud no puede proporcionar prosperidad y fama al hombre.

-Basta una sola palabra acertada del noble para que se le considere entendido sobre una cosa, pero también basta que cometa un solo error para que se diga que no sabe nada. Por consiguiente, el noble debe vigilar mucho sus palabras.

-Realizar cuanto sea para el bien común, ¿No es esta la mejor forma de generosidad? Desear únicamente las riquezas necesarias para la práctica de las virtudes propias de su dignidad, ¿Puede esto llamarse "codicia?" Si sus propiedades particulares no son demasiado grandes ni demasiado pequeñas, si se ocupa de los asuntos que no son ni muy importantes ni muy insignificantes, si se mantiene a cierta distancia de los hombres sin despreciar a nadie, ¿No es esto la dignidad exenta de orgullo? Si cuida su aspecto exterior, si es equilibrado y ecuánime en todos sus actos, el pueblo entero lo respetará sin experimentar temor, ¿No consiste en esto la autoridad libre de despotismo? Si sólo utiliza el trabajo de los súbditos para realizar lo que es razonablemente necesario, ¿Quién podrá experimentar resentimiento?

-Cuando el cielo nos envía calamidades, podemos superarlas; cuando las hemos buscado nosotros mismos, sucumbiremos ante ellas.

-Nada es más digna de admiración en un hombre noble que el saber aceptar e imitar las virtudes de los demás.

-Si un medicamento no altera el organismo del enfermo, tampoco producirá la curación.

-Es preciso que los hombres conozcan el mal para poder evitarlo y entregarse a la práctica del bien.

-Las palabras en sí mismas son inocuas, pero sus consecuencias pueden ser funestas si son despectivas.

-Quien ama a los hombres, es amado por ellos; quien los respeta es, a su vez, respetado. Supongamos que habiéndose portar con nosotros de una forma descortés o grosera; si somos prudentes, lo primero que debemos preguntarnos es si con anterioridad hemos cometido alguna descortesía con dicha persona o si hemos sido injustos con ella; su actitud hacia nosotros debe de tener algún fundamento. Caso de que lleguemos a la conclusión de que no hemos cometido ninguna injusticia contra tal persona, sino que nos hemos mostrado siempre con ella bondadoso y corteses, debemos seguir analizando las posibles causas de actitud descortés o grosera. Si somos prudentes, debemos reflexionar si hemos cometido la menor incorrección en nuestra conducta. En el supuesto de que tampoco hayamos cometido incorrección alguna, entonces la descortesía o grosería del ofendido carece totalmente de fundamento y el hombre prudente, ante tal situación, debe concluir: " este hombre no es más que un extravagante y un necio; en nada se diferencia de una bestia, en cuyo caso, ¿por qué debe preocuparme la actitud o actos de una bestia?".

-Gozar de prestigio y de consideración es una de las cosas que los hombres ambicionan con más ardor.

-Jamás he oído que un hombre que no actuara con rectitud lograse enderezar a los demás. Menos aún podría lograr que los demás fueran sinceros quien observara un comportamiento hipócrita.

-La naturaleza humana no es ni buena ni mala. Según esto, la bondad o malicia de los hombres es algo posterior a la propia naturaleza humana en su origen. Si el hombre posee la capacidad de obrar, es necesario que poseyera también una norma para dirigir sus actos.

-Si el supremo bien del hombre consistiera en conservar la vida, no haría otra cosa que dedicarse a descubrir y practicar todo aquello que pudiera prolongarla. Si el más temible mal del hombre fuera la muerte, investigaría y practicaría todo lo que pudiera alejar o evitarle este mal. Hay cosas que amamos más que la vida, así como hay otras más temibles que la muerte; este es un sentimiento común a todos los hombres.

-El camino recto es como una ancha avenida; no es difícil encontrarlo cuando se busca, pero los hombres no se esfuerzan por descubrirlo.

-El origen de todas las acciones se encuentra en el interior de nuestro ser. Si reflexionando sobre nuestros propios actos descubrimos que son conformes con nuestra naturaleza racional, experimentaremos la más intensa satisfacción.

-Quien se abstiene de lo que no debiera abstenerse es mejor que se abstenga de todo; el que trata con frialdad a quienes debiera tratar con ternura acabará tratando con frialdad a todo el mundo; quienes avanzan precipitadamente también retrocederán con la misma precipitación.

-Yo no hago el menor caso de las murmuraciones y críticas de los hombres.

-Las personas impetuosas, pero que no son sinceras; las que son ignorantes, y además imprudentes; las ingenuas, pero que no son dignas de confianza, están más allá de mi comprensión.

-Atrapado por la pobreza, un hombre valiente quizá se rebele. Si se le empuja demasiado lejos, también puede rebelarse un hombre sin moral.

-Mi celo es tan fuerte como el de cualquiera, pero todavía no he logrado vivir noblemente.

-¿Es la bondad algo inalcanzable? Mientras añore la bondad, esta se hallará a mano.

-No puedo esperar encontrar un hombre perfecto. Me contentaría con poder encontrar simplemente un hombre de principios. Es difícil tener principios cuando la Nada pretende ser Algo, el Vacío pretende ser el Lleno y la Penuria pretende ser la Opulencia.

-No cultivar la fuerza moral, no explorar lo que he aprendido, la incapacidad de seguir lo que sé que es justo, y de reformar lo que no es bueno, todas estas son mis preocupaciones.

-Los sabios encuentran alegría en el agua, los bondadosos encuentran alegría en las montañas. Los sabios son activos, los bondadosos son apacibles. Los sabios son alegres, los bondadosos viven larga vida.

-Un caballero puede estar mal informado, pero no puede ser seducido: puede ser engañado, pero no puede ser extraviado.

-Hace mucho tiempo que tuve un amigo que practicó

lo siguiente: competente, pero dispuesto a escuchar a los incompetentes; con talento, pero dispuesto a escuchar a los que carecían de él; poseyéndolo, parecía no tenerlo; aceptaba los insultos sin ofenderse.

-*El hombre bueno facilita a los demás lo que desea obtener para sí mismo. La receta de la bondad consiste simplemente en la capacidad de tomar las propias aspiraciones como guía.*

-*Las pruebas de un buen hombre conllevan su fruto: sin duda, esto es la bondad.*

-*Una lengua ágil crea muchos enemigos.*

-*La madera podrida no puede ser tallada; las paredes llenas de estiércol no pueden ser alisadas.*

-*Nunca he encontrado a nadie que sea realmente constante.*

-*Ser estricto con uno mismo y comedido con los demás es aceptable. Ser comedido con uno mismo y comedido con los demás sería demasiada laxitud.*

-*Un hombre sobrevive gracias a su integridad. Si sobrevive sin ella, es pura suerte.*

-*Conocer algo no es tan bueno como amarlo; amar algo no es tan bueno como disfrutarlo.*

-*Un caballero es tolerante y libre; un hombre del vulgo siempre está lleno de ansiedad y temor.*

-*Amar a todos.*

-Conocer a todos.

-Eleva a las personas honradas y colócalas por encima de las no honradas, para que puedan corregirlas.

-Pon la lealtad y la fe por encima de todo lo demás y sigue la justicia. Así es como se acumula fuerza moral. Cuando amas a alguien, deseas que viva; cuando odias a alguien, deseas que muera. Ahora bien, desear al mismo tiempo que viva y muera es un ejemplo de incoherencia.

-Quien a pesar de estar rodeado de calumnias y ensordecido por las críticas permanece en calma, puede ser llamado perspicaz. De hecho, podría llamársele clarividente.

-Quien practica la humanidad es reacio a hablar.

-Nunca he encontrado difícil servir a mis superiores fuera de casa y a mis mayores en el hogar, ni enterrar a los muertos con la debida reverencia o a moderarme en el vino.

-¿Cómo podrían las palabras de amonestación dejar de obtener nuestro sentimiento? Lo principal, no obstante, debería ser realmente corregir nuestra conducta. ¿Cómo podrían las palabras de elogio dejar de deleitarnos? Sin embargo, lo principal debería ser realmente entender su propósito. Algunos muestran deleite, pero no comprensión, o asienten, sin cambiar su proceder. Realmente no sé qué hacer con ellos.

-Los sabios no padecen la perplejidad; los virtuosos no tienen preocupaciones; los valientes carecen de temor.

-Un hombre virtuoso da siempre buenos consejos; un hombre que da buenos consejos no es siempre virtuoso. Un hombre bueno siempre es valiente; un hombre valiente no siempre es bueno.

-Exigid mucho de vosotros mismos, poco de los demás, y evitaréis la insatisfacción.

-No sé realmente qué debo hacer con aquellos que no se preguntan: ¿Qué debo hacer antes de emprender la acción?

-Una promesa hecha a la ligera es difícil de cumplir.

-Sé cortés en la vida privada; reverente en la vida pública; leal en las relaciones personales. Incluso entre los bárbaros, no te apartes de esta actitud.

-Si no puedo encontrar a personas que observen las convenciones para asociarme con ellas, me contentaré con los locos y los puros. Los locos se atreven a hacer cualquier cosa, mientras hay cosas que los puros nunca harán.

-Un caballero busca la armonía, pero no el conformismo. Un hombre común, busca el conformismo, pero no la armonía.

-Es fácil trabajar para un caballero, pero no es fácil complacerlo. Si intentas complacerlo con actos inmorales, no estará complacido; pero nunca pide nada que esté más allá de vuestra capacidad. No es *fácil trabajar para un hombre común, pero es fácil complacerlo. Intenta complacerlo, incluso con un proceder inmoral, y quedará complacido; pero sus demandas no conocen límites.*

-Un caballero siempre se resiente por su incompetencia, no por su anonimato.

-Un caballero se preocupa por la posibilidad de desaparecer de este mundo sin haberse hecho un nombre.

-Un caballero se exige a sí mismo; un hombre común exige a los demás.

-Un caballero no aprueba a una persona por expresar determinada opinión, ni rechaza una opinión por ser expresada por determinada persona.

-Un caballero muestra autoridad, pero no arrogancia. Un hombre común muestra arrogancia, pero no autoridad.

-La firmeza, la resolución, la simplicidad y el silencio nos acercan a la humanidad.

-Quien muestra cordialidad y una atención exigente, merece ser llamado caballero. La atención exigente hacia los amigos y la cordialidad hacia los hermanos.

-Un caballero se rige por tres principios que yo soy incapaz de seguir: su humanidad desconoce la ansiedad; su sabiduría carece de dudas; su valor desconoce el miedo.

-No es vuestro anonimato lo que debe perturbaros,

sino vuestra incompetencia.

-La conversación superficial arruina la virtud. Las pequeñas impaciencias arruinan los grandes planes.

-Cuando un hombre es rechazado por todos, habría que investigar. Cuando a todo el mundo le gusta alguien, habría que investigar.

-Sin duda es un error no enmendar un error.

-No prever el engaño ni sospechar la mala fe, pero ser capaz de detectarlos inmediatamente, eso es sin duda sagacidad.

-Habla con lealtad y buena fe, actúa con dedicación y respeto, e incluso entre los bárbaros tu conducta será irreprochable. Si hablas sin lealtad y buena fe, si actúas sin dedicación y respeto, tu conducta será inaceptable, incluso en tu propio pueblo natal. Allí donde estés, debes tener presente siempre este precepto; hazlo grabar en el yugo de tu carruaje, y sólo entonces podrás avanzar.

-Un hombre recto, un hombre que practica la humanidad, no busca la vida a expensas de su humanidad; por el contrario, habrá ocasiones en que dará su vida para realizar su humanidad.

-Un artesano que desea hacer un buen trabajo debe afilar primero sus herramientas. En cualquier país en el que os establezcáis, ofreced vuestros servicios al más virtuoso de los ministros y haceros amigos de aquellos caballeros que cultivan la humanidad.

-La humanidad es más esencial para la gente que el

agua y el fuego. He visto a hombres perder su vida por rendirse al agua o al fuego; nunca he visto a nadie perder su vida por rendirse a la humanidad.»

-Un caballero tiene principios, pero no es rígido.

-Tres clases de amigos son beneficiosos; tres clases de amigos son dañinos. Es beneficiosa la amistad con las personas rectas, dignas de confianza y cultas. Es dañina la amistad con personas tortuosas, halagadoras y falsas.

-Cuando se espera a un caballero, hay que evitar tres errores. Es imprudente hablar antes de haber sido invitado a ello. Es excesiva reserva no hablar cuando Se es invitado a ello. Es ceguera hablar sin observar la expresión del caballero.

-Un caballero presta atención en nueve circunstancias:

— Cuando mira, para ver con claridad.
— Cuando escucha, para oír sin confusión.
— En su expresión, para ser amistoso.
— En su actitud, para ser respetuoso.
— En sus palabras, para ser leal.
— En sus obligaciones, para ser responsable.
— Cuando duda, para cuestionar.
—Cuando está enfadado, para reflexionar sobre las consecuencias.
— Cuando obtiene un beneficio, para considerar si es justo.

-Cualquiera que pueda expandir las cinco prácticas en todo el mundo aumentará la humanidad. — ¿Y

cuáles son estas? —La cortesía, la tolerancia, la buena fe, la diligencia y la generosidad. La cortesía evita los insultos; la tolerancia gana todos los corazones; la buena fe inspira la confianza en los demás; la diligencia asegura el éxito; la generosidad confiere autoridad sobre los demás.

-Un cobarde que echa miradas fieras es — por decirlo crudamente — como un ladrón que escala un muro.

-Aquellos que hacen de la virtud su profesión son la ruina de esta.

-Los vendedores ambulantes de rumores son personas que han abandonado la virtud.

-Las personas de antaño tenían tres faltas, que las de hoy ni siquiera pueden igualar. La excentricidad de los antiguos era despreocupada, mientras que la excentricidad actual es licenciosa. El orgullo de los antiguos era arrogante, mientras que el orgullo contemporáneo es malhumorado. La ingenuidad de los antiguos era recta, mientras que la ingenuidad actual es una impostura.

-La charla superficial y las maneras afectadas rara vez son signos de bondad.

-Un caballero pone la justicia por encima de todo. Un caballero valiente, pero que no es justo, puede convertirse en un rebelde; un hombre del vulgo que es valiente, pero no justo, puede convertirse en un bandido.

-Detesta a aquellos que se detienen en los defectos de los demás. Detesta a los subordinados que calumnian *a sus superiores. Detesta a aquellos cuyo valor no está moderado por maneras civilizadas. Detesta a los impulsivos y obstinados.*

-Detesto a aquellos que plagian fingiendo ser cultos. Detesto a los arrogantes que fingen ser valientes. Detesto a los maledicientes que pretenden ser francos.

-Cuando afronta el peligro, un caballero está preparado para dar su vida; la perspectiva de provecho no le hace olvidar lo que es justo; cuando celebra sacrificios, lo hace con piedad; cuando está de duelo, expresa su pesar. ¿Qué más se puede desear?

-Un caballero respeta a los sabios y tolera a los mediocres; alaba a los buenos y tiene compasión por los incapaces. Si tengo una gran sabiduría, ¿a quién no toleraría? Si no tengo una gran sabiduría, las personas me evitarán; ¿cómo podría entonces evitarlas yo a ellas?

-Incluso las disciplinas menores tienen sus méritos; pero quien tiene ante sí un largo viaje teme los cenagales, y por esta razón es por lo que un caballero no toma caminos poco frecuentados.

-Un caballero produce tres tipos de impresiones: si lo miráis de lejos, parece severo. Si os acercáis, es amistoso. Si oís lo que dice, es incisivo.

-Los principios esenciales no deben transgredirse. Los principios secundarios permiten algún compromiso.

-El error de un caballero es como un eclipse solar o lunar. Comete un error, y todo el mundo lo advierte; corrige su error, y todo el mundo lo admira.

CAPÍTULO V

Confucio para leyes y justicia confusas

"Conocer lo que es justo y no practicarlo es una cobardía"

Confucio aunque proponía cambios sustanciales en los elementos ético y educacional de la superestructura social no profundizó en igual medida en el sistema jurídico. Aparentemente no confiaba o no creía en el cumplimiento de las leyes, aunque estas eran muchas y se normaba y juzgaba lo que hacía falta castigar y lo que no. Cualquier cambio en este sentido consideraba que no abordaba el problema básico, el embrión de su doctrina de formar hombres ilustres, tanto los de las castas más bajas como los de las más altas, para que cumpliendo cada uno su función en la sociedad esta pudiese ser justa y todos los ciudadanos disfrutasen de los derechos básicos de un hombre en un mundo que se considerase civilizado.

Claro está que si los mandatarios son hombres intelectualmente instruidos, los más capaces, ciudadanos ilustres, honrados que dirigen a ciudadanos también llenos de virtudes, las conductas de estos debían ser las adecuadas y el sistema jurídico ocuparía un plano secundario, sólo empleado en circunstancias poco comunes, o excepcionales. Por todo lo anterior el universo confuciano y la doctrina de este y de sus discípulos no abordó con suficiente énfasis este importante aspecto de la superestructura social.

Es probable, sin embargo, que cuando Confucio ejerciera de Ministro del Interior o del "Crimen" como se pudiese nombrar en aquella época, necesitara de una serie de normas o preceptos jurídicos que pudiese serle útil para impartir justicia y gobernar en aquellas circunstancias, donde se normaba prácticamente todo, hasta por el lado de la calle que deben tomar las mujeres y los hombres, con sanciones muy severas para sus incumplidores.

Que Confucio tuvo éxito en su trabajo y en la aplicación de las normas jurídicas establecidas, puede constatarse por el hecho de la notable disminución de las actividades delictivas, sobre todo el crimen, durante su mandato, si bien se excedió tanto que quiso normar hasta que prenda ponerse en cada ocasión y hasta para dentro de la casa, al menos eso dicen los historiadores. Pero debió ocurrir algo censurable en su exceso de celo, pues al final los gobernantes prefirieron que las cosas continuaran como antes, con crímenes, problemas de conducta y que la gente incumpliera las normas de los lados de la calle y que anduviese en su casa vestido como le viniese en gana, o con ropas más cómodas, o las que él interpretara como más cómoda.

Mientras, a Confucio le buscaron otro empleo, puede que con mayor o menor responsabilidad, pero menos actividad ejecutoria, sobre todo a la hora de dictar sentencias, por lo que se contentó como en otras ocasiones a proponer o dictar normas, para los que ostentaran el mando y quisieran o no aplicarlas.

He aquí a Confucio y algunas de sus máximas o "mínimas" sobre ley y justicia.

-Donde hay justicia no hay pobreza.

-Tener suficiente dominio de sí mismo para juzgar a los otros por comparación con nosotros mismos, y obrar en relación a ellos tal como desearíamos que obrasen con nosotros, a esto es a lo que puede llamarse doctrina de la humanidad; no hay nada más allá de esto

-*Conocer lo que es justo y no practicarlo es una cobardía.*

-*Si quien gobierna no es justo, aunque ordene que se practique la justicia no será obedecido*

-*Sólo quien no repara la falta que ha cometido incurre de veras en falta.*

-*El noble ante nada en el mundo adopta una actitud cerrada en favor o en contra. Se adhiere únicamente a lo justo. Está para todos y es imparcial. Ante lo que no entiende suspende el juicio. Se caracteriza por firmeza de carácter, pero no por obstinación. Es tratable, pero sin intimar. Es seguro de sí, pero no porfiado.*

-*Mejor que el hombre que sabe lo que es justo es el hombre que ama lo justo.*

-*Es hombre quien imponiéndose a su yo se somete a los «li» (costumbres), a la ley de las convenciones sociales.*

-*Deben imponerse castigos cuando convenga. La fidelidad no es contraria a una justa corrección*

-Lo que hagáis, a vosotros os pertenece; yo sólo debo responder de mis propios actos

-El hombre superior no discute ni se pelea con nadie. Sólo discute cuando es preciso aclarar alguna cosa, pero aún entonces cede el primer lugar a su antagonista vencido y sube con él a la sala; terminada la discusión, bebe con su contrincante en señal de paz. Estas son las únicas discusiones del hombre superior.

-Si el príncipe es justo, nadie será injusto; si el príncipe es bondadoso, nadie será cruel.

-Si te enfadas, piensa en las consecuencias.

-Venerar a dioses que no son vuestros es servilismo. No actuar cuando lo exige la justicia es cobardía.

-En los asuntos del mundo, un caballero no tiene una posición predeterminada: adopta la posición que es justa.

-Mucho más excelente es la virtud del que permanece fiel a la práctica del bien, aunque el país se halle carente de leyes y sufra una deficiente administración. Quizás otros acierten de entrada; lo que es yo, no acierto sino después de diez tentativas. Quizás otros acierten después de diez tentativas; yo, después de mil.

-Perdónaselo todo a quien nada se perdona a sí mismo.

-Si se mata una gallina, ¿Para qué utilizar un cuchillo, que sirve para matar bueyes?

-*El noble en la práctica se deja guiar por los «li» (costumbres).*

-*Se puede quitar a un general su ejército, pero no a un hombre su voluntad.*

-*¿No sería más eficaz lograr que fueran innecesarios los juicios?, ¿No resultaría más provechoso dirigir nuestros esfuerzos a la eliminación de las inclinaciones perversas de los hombres?*

-*Todos los seres participan en la vida universal, y no se perjudican unos a otros. Todas las leyes de los cuerpos celestes y las que regulan las estaciones se cumplen simultáneamente sin interferirse entre sí. Las fuerzas de la naturaleza se manifiestan tanto haciendo deslizar un débil arroyo como desplegando descomunales energías capaces de transformar a todos los seres, y en esto consiste precisamente la grandeza del cielo y de la tierra.*

-*Los defectos y faltas de los hombres dan a conocer su verdadera valía. Si examinamos con atención las faltas de un hombre, llegaremos a conocer si su bondad es sincera o fingida.*

-*Los que controlan en todo momento sus actos, raras veces se desvían del camino recto.*

-*Cuando empecé a tratar con los hombres, escuchaba sus palabras y confiaba en que sus acciones se ajustarían a las mismas. Ahora, al tratar con los hombres, escucho sus palabras y al propio tiempo observo sus acciones.*

-Si quien gobierna no es justo, aunque ordene que se practique la justicia no será obedecido.

-Deben imponerse castigos cuando convenga. La fidelidad no es contraria a una justa corrección.

-Sed rígidos con vosotros mismos, pero condescendientes con los demás. De este modo os veréis libres de toda envidia y resentimiento.

-Si la ganancia o el provecho se anteponen a la justicia, los súbditos nunca estarán satisfechos y el príncipe se hallará en un peligro constante.

-Quien no haya sentido nunca compasión hacia los demás no es en verdad un hombre, tampoco puede ser considerado verdadero hombre quien jamás haya experimentado los sentimientos de vergüenza y aversión; el que no posea los sentimientos de abnegación y respeto no puede ser considerado verdadero hombre; quien no distinga lo verdadero de lo falso, lo justo y lo injusto, no es un hombre.

-En este mundo sólo se pueden seguir dos caminos: el del bien o el del mal; no existe otra posibilidad.

-Las normas de conducta son inmutables, todos los Santos han obrado de conformidad con sus principios.

-Cuando el príncipe empieza a imponer castigos a sus funcionarios sin que hayan cometido delito alguno, los ministros prudentes se apresuran a abandonar el reino.

— El hombre no puede dejar de arrepentirse de sus

faltas. Si una sola vez se arrepiente de no haberse arrepentido de sus faltas, ya no volverá a tener motivos de arrepentimiento.

-*El pueblo desconfía de las leyes y de la administración; el pueblo ama los buenos ejemplos y los acertados consejos. Con unas leyes justas y una administración eficiente, se consigue aumentar las rentas del reino; con buenas enseñanzas y buenos ejemplos, se conquista el corazón de los súbditos.*

-*Dar muerte a un pariente próximo de otro hombre es el crimen que más funestas consecuencias provoca.*

— *El mejor medio para alcanzar las virtudes de la justicia y la equidad consisten en dominar las pasiones. Quien se deja dominar por las pasiones es muy difícil que obre con justicia y equidad.*

-*El hombre de verdadera distinción es sencillo, honrado y amante de la justicia y del deber.*

-*Muéstrate en el estado cuando se cumple la ley; retírate a la oscuridad cuando la ley es menospreciada*

-*Cuando descubras los hechos de un crimen, no te alegres, sino considéralo con lástima y pena.*

-*Yo podría dictar sentencias tan bien como cualquiera, pero prefiero hacer que los procesos sean innecesarios.*

-*Lamentablemente, nunca he visto un hombre capaz de ver sus propias faltas y de exponerlas ante el tribunal de su corazón.*

-*Es en medio del frío del invierno cuando podéis ver lo verde que son los pinos y los cipreses.*

-*Cuando los castigos y las penas equivocan su blanco, las personas no saben dónde están.*

-*Si sus mejores cultivan la justicia, el pueblo no se atreverá a desobedecer. Si sus mejores cultivan la buena fe, el pueblo no se atreverá a ser mentiroso. A un país así, la gente acudiría en masa de todas partes con sus bebés arropados en la espalda.*

-*Cuando buenos hombres han gobernado el país durante cien años, puede superarse la crueldad y extirparse el crimen.*

-*¿Y con qué devolverás la bondad? Más vale devolver justicia por odio, y bondad por bondad.*

-*Las autoridades han perdido la Vía; el pueblo ha estado durante mucho tiempo sin guía. Cada vez que resuelvas un caso, hazlo con compasión y no con un sentimiento de victoria.*

CAPÍTULO VI

Confucio para corruptos confusos

Si eres corrupto y quieres dejar de serlo, lee a Confucio.

Si eres corrupto y no quieres dejar de serlo, lee a Confucio para que al menos conozcas que la verdadera felicidad no se alcanza con riquezas materiales, sino con los valores espirituales del hombre .

Hace años, cuando era joven, por lo que de eso hace mucho, bueno, exactamente a principios de la década del 70 del siglo pasado, tuve la oportunidad de ver una película italiana sobre Escipión el Africano, pero no en sus batallas contra Aníbal y Cartago, sino en su lucha desesperada por mantenerse honesto y honrado en la Roma Clásica, hasta que no pudiendo más se declaró, sin serlo, corrupto y autor del robo de cientos de talentos de oro provenientes de Siria, entonces, a partir de ese momento volvió a ser venerado y aclamado por todos los ciudadanos de Roma.

La película en sí era una comedia satírica en la época de oro del cine italiano y protagonizado por lo mejorcito del momento: Marcelo Mastroianni, Vittorio Gassman y Silvana Mangano, entre otros. No hablamos de un gran film, sino uno de calidad media, pero con un mensaje claro relacionado con la corrupción existente en el país, tomando como marco la Roma antigua.

Nada ha cambiado desde entonces, incluso, en un marco global. Vivimos en épocas de corrupción, o al menos eso es lo que parece. Si encendemos la televisión, la radio, el ordenador, o hasta el teléfono móvil, o más simple aún, si leemos la prensa y escuchamos los criterios y conversaciones de los demás, la frase y el tema que más sobresale es el de la corrupción. Es como una infección o epidemia que afecta al mundo entero y para la cual no se ha inventado vacuna ni descubierto un remedio eficaz.

Personas que aparentemente son de una moral intachable, tan pronto tienen acceso a los recursos materiales se convierten en corruptos desmedidos, malversan y se apropian de ellos en beneficio propio o de sus allegados. Otras que luchan contra la corrupción, de buenas a primera se descubre que son corruptos. No está exento de su práctica ningún estrato social, desde la nobleza, el clero los políticos, capitalistas, economistas, juristas, hombres de ciencia, de letras, de las artes, y en general todo el que tiene acceso a recursos, claro está públicos o ajenos. Todos los días se publican nuevos casos, más los que eluden la justicia y no son descubiertos, que de acuerdo a la cifra de los que salen a la luz, deben ser muchos.

El corrupto, por lo demás es un hombre forjado en la lucha por la supervivencia entre otros corruptos, donde impera la mentira, el fraude, la traición y puede que hasta el crimen y donde todos los recursos son válidos, no puede decirse siquiera que es la ley de la selva en la sociedad, pues esta se queda pequeña, disminuida ante tanta bajeza.

Las leyes por duras que sean no logran frenar esta enfermedad, no hay antibióticos jurídicos para ello. Hasta en los países con sistemas jurídicos que contemplan la aplicación de leyes de extrema dureza, prolifera este mal. Contra él se han pronunciado los más grandes pensadores en toda la historia de la humanidad, pero ¿por qué no se les hace caso?, o es que los que tienen que hacerlo también están manchados por la corrupción, o no pueden, o conviven con la enfermedad.

No obstante, se debe perseverar, y entre todos los grandes pensadores que se han pronunciado sobre el tema de la corrupción merece atención especial uno, que vivió hace más de 2 500 años en China y cuyos principios, normas y doctrinas tienen total vigencia, como lo podremos notar a continuación. Los dejo pues, con Confucio, en lo que se puede titular *"Confucio para Corruptos Confusos"*.

-Algún dinero evita preocupaciones: mucho las atrae.

-Aquel que tiene cuanto basta siempre tiene bastante.

-En un país bien gobernado, la pobreza es algo que avergüenza. En un país mal gobernado, la riqueza es algo que avergüenza.

-El buen líder sabe lo que es verdad; el mal líder sabe lo que se vende mejor.

-No te quejes de la nieve en el techo del vecino, cuando también cubre el umbral de tu casa.

-No todos los hombres pueden ser grandes pero pueden ser buenos.

-Nunca hagas apuestas. Si sabes que has de ganar al otro, eres un tramposo...Y si no lo sabes eres un tonto.

-Si el príncipe utiliza las rentas públicas para aumentar su riqueza personal, el pueblo imitará este ejemplo y dará rienda suelta a sus más perversas inclinaciones; si, por el contrario, el príncipe utiliza las rentas públicas para el bien del pueblo, este se le mostrará sumiso y se mantendrá en orden.

-Sólo hay un medio de acrecentar las rentas públicas de un reino: que sean muchos los que produzcan y pocos los que disipen, que se trabaje mucho y que se gaste con moderación. Si todo el pueblo obra así, las ganancias serán siempre suficientes.

-La pompa y la ostentación sirven de muy poco para la conversión de los pueblos.

-Los hombres ambicionan las riquezas y los honores, pero si no es posible obtenerlos por medios honestos y rectos, deben renunciar a estos bienes.

-Los hombres huyen de la pobreza y de las injurias, pero, si no pueden evitarse por caminos honestos y rectos es preciso aceptar estos males.

-Un hombre digno debe ayudar a los necesitados, pero no aumentar los bienes de los ricos.

-Quienes adquieran riquezas por medios violentos e injustos del mismo modo las perderán por medios violentos e injustos.

-Con arroz para comer, agua para beber y mi brazo

doblado por almohada puedo ser feliz.

-El hombre honrado se avergüenza de que sus palabras sobrepasen sus acciones.

-Un hombre feliz es un hombre que se conforma con poco.

— Siempre he oído que un caballero ayuda a los necesitados, no que haga aún más ricos a los ricos.

-La opulencia puede conducir a la arrogancia, y la frugalidad a la tacañería. Es preferible ser tacaños que arrogantes.

-La satisfacción lleva a la felicidad, incluso en la pobreza. Y la insatisfacción lleva a la pobreza, incluso en la riqueza.

-La felicidad no se encuentra en la cima de la montaña, sino en la manera de subirla.

-Es más difícil ser pobre sin murmurar, que rico sin arrogancia.

— Los hombres viciosos procuran disimular sus faltas con apariencias de honradez.

-Quienes son pródigos en exceso y se entregan al lujo, fácilmente se vuelven orgullosos.

-Estaría dispuesto a ejercer cualquier oficio si con él pudiera obtener grandes riquezas por medios honrados; si por el contrario, para enriquecerse debiera emplear medios deshonestos, preferiría seguir en la pobreza dedicándome a mis actividades favoritas.

-Cuando en un país reina el orden, es una vergüenza ser hombre pobre y común. Cuando en un país reina el caos, es una vergüenza ser rico y funcionario.

-Si la riqueza fuera digna de desvelos, me haría hasta zurrador, pero, no siéndolo, hago lo que me place.

-Un hombre digno debe ayudar a los necesitados, pero no aumentar los bienes de los ricos

-No dar importancia a lo principal, es decir, al cultivo de la inteligencia y del carácter, y buscar sólo lo accesorio, es decir, las riquezas, sólo puede dar lugar a la perversión de los sentimientos del pueblo, el cual también valorara únicamente las riquezas y se entregará sin freno al robo y al saqueo.

-Si tú amas con locura las riquezas, no debes hacer otra cosa que compartirlas con el pueblo.

-El caballero aprecia la justicia; el hombre común aprecia lo que le beneficia
-No puede ser bueno quien sólo piensa en acumular riquezas; no puede ser rico quien solo piensa en practicar el bien.

-La generosidad consiste en repartir las riquezas entre los necesitados; la rectitud consiste en buscar el camino del bien a los descarriados; la bondad es la virtud que debe poseer el emperador para ganarse el afecto de todos sus súbditos.

-Si buscar la riqueza fuera un objetivo decente, la buscaría, aunque tuviera que trabajar como portero. Pero siendo como es, prefiero seguir mis inclinaciones

-Quien para permanecer fiel a sus principios rechaza ser elevado a una condición honrosa permanece feliz aún sin honores. Quien para no apartarse del recto camino rechaza unas rentas permanece gozoso en su pobreza.

-Es difícil ser pobre sin resentimiento; es fácil ser rico sin arrogancia.

-Un caballero aspira a la benevolencia, un hombre común aspira a los bienes materiales.

-Un erudito que se preocupa de su bienestar material no merece ser llamado erudito.

-No siempre los caballeros logran la plenitud de la humanidad. Los hombres mezquinos nunca la logran.

-Tres clases de placeres son provechosos; tres clases de placeres son dañinos. Es provechoso el placer de ejecutar los ritos y la música apropiadamente, el placer de elogiar las cualidades de los demás y el placer de tener muchos amigos de talento. Es dañino el placer de exhibir el lujo, el placer de holgazanear y el placer de celebrar juergas libidinosas.

-Un caballero debe ponerse en guardia contra tres peligros. Cuando es joven y la energía de la sangre está alterada, debe guardarse de la lujuria. En su madurez, cuando la energía de la sangre está en su plenitud, debe guardarse de la rabia. En la vejez, cuando la energía de la sangre decae, debe guardarse de la rapacidad.

CAPÍTULO VII

Confucio sobre la familia

"Yo deseo que los ancianos puedan disfrutar de la paz, los amigos disfrutar de la confianza y los jóvenes disfrutar del afecto".

La familia como célula principal de la sociedad fue valorada también por Confucio aunque en todo caso dando un orden jerárquico a las relaciones filiales padre-hijo, hermano mayor-hermano menor- marido-mujer, valorándolas como uno más de los aspectos éticos de cómo debía ser la sociedad para lograr el bienestar y la felicidad de todos en un perfecto equilibrio, dado su doctrina social justa donde cada una de las partes debe cumplir su papel, tanto los que dirigen como los que son dirigidos, aunque la introducción de jerarquías en esta neurálgica temática actualmente puede ser criticada con toda la justeza y argumentos del mundo, sobre todo la relación hombre mujer y en general todas que e una forma u otra deben acercarse a la paridad y no a la subordinación.

Algunos ejemplos, sin ahondar mucho en el tema, son los siguientes:

-Con talento o no, un hijo es un hijo.

-Raras veces los hombres reconocen los defectos de aquellos a quienes aman, y no acostumbran tampoco a valorar las virtudes de aquellos a quienes odian.

-Existen cinco deberes fundamentales, comunes y tres facultades para practicarlos. Estos deberes se refieren a las cinco relaciones siguientes:

-Las relaciones que deben existir entre el príncipe y los súbditos, entre el padre y sus hijos, entre el marido y la esposa, entre los hermanos mayores y los menores, y entre los amigos. El recto comportamiento en estas cinco relaciones constituye el principal deber común a todos los hombres.

-Cuando las familias individuales han aprendido la bondad, entonces la nación entera ha aprendido la cortesía.

-La cortesía que debe presidir nuestras actuaciones cotidianas se fundamenta principalmente en el respeto y comprensión hacia todos.

-Una casa será fuerte e indestructible cuando esté sostenida por estas cuatro columnas: padre valiente, madre prudente, hijo obediente, hermano complaciente.

-Respetar a los padres y a los mayores es la base esencial de la humanidad.

-¿En qué consiste la bondad? En amar a todos los hombres. ¿En qué consiste la ciencia? En conocer a los hombres. El noble no expresa nunca su parecer sobre las cosas que no comprende. Busca la máxima precisión en sus palabras; esto es lo más importante.

-El que de niño no ha respetado a sus hermanos ni a sus padres, en la edad madura no ha hecho nada provechoso, y al llegar la vejez no ha muerto, es un hombre despreciable.

-No puede pensarse en ningún mal mayor que en la pérdida del mutuo afecto y cariño entre padres e hijos.

-El primer deber más importante de la piedad filial consiste en honrar a nuestros padres como es debido. La mejor prueba de este amor a los padres consiste en procurarles el sustento necesario.

-Para que pueda trabarse una verdadera amistad, es preciso prescindir de la superioridad que puedan otorgar la edad, los honores, las riquezas o el poder. El único motivo que nos debe incitar a la amistad es la búsqueda de las virtudes y el mutuo perfeccionamiento.

-¿Por qué, niños, no aprendéis las canciones? Las canciones sirven para elevarse, para atestiguar el propio valer, para aprender sociabilidad, para aprender a odiar, para servir en casa al padre y fuera de casa al soberano.

-Al servir a su padre y a su madre, un hijo puede usar reconvenciones suaves; si ve que no le prestan atención, no debe insistir, sino aumentar su deferencia; si le formulan reproches, no debe mostrar resentimiento.
Mientras nuestros padres vivan, no debemos abandonarlos. Si es preciso viajar, debe hacerse en una dirección determinada para que no parezca se les abandona. La edad de los padres debe ser siempre recordada: por un lado, para regocijarse; de otro, para alarmarse.

-En su casa, un joven mostrará las cualidades de un hijo; fuera de su patria, las de un hermano menor.

-Debíamos tener respeto para con los jóvenes. ¿Quién sabe si con el tiempo no llegarán a ser hombres iguales a los de hoy día?

-El padre oculta el mal de su hijo, y el hijo oculta el del padre. En tal conducta se puede encontrar rectitud.

-Observa la inclinación de la voluntad de un hombre mientras su padre vive, y sus acciones después de muerto su padre. Si durante tres años de luto no se desvía de los principios de su padre, puede declarársele un verdadero hijo.

-En el hogar, un joven debe respetar a sus padres; fuera de el, debe respetar a sus mayores. Debe hablar poco, pero con buena fe; amar a todos, pero unirse a los virtuosos. Una vez hecho esto, si todavía tiene energía, dejadlo que se cultive.

-Se piensa que son hijos obedientes los que alimentan a sus padres. Pero también alimentan a sus perros y caballos. A menos que haya respeto, ¿dónde está la diferencia?

-Lo que importa es la actitud. Si los jóvenes prestan simplemente sus servicios cuando hay trabajo por hacer o dejan que sus mayores beban y coman cuando hay vino y comida, ¿acaso podría considerarse esto como piedad filial?

-Cuando servís a vuestros padres, tal vez tengáis que disuadirlos amablemente. Si veis que no aceptan vuestro consejo, sed respetuosos y no los contradigáis. No dejéis que vuestros esfuerzos se *conviertan en amargura.*

-Mientras vivan vuestros padres, no viajéis lejos. Si tenéis que viajar, dejad una dirección.

-Si tres años después de la muerte de su padre, el hijo no ha alterado el proceder de este, ciertamente es un buen hijo.

-Tened siempre en mente la edad de vuestros padres. Que este pensamiento sea al mismo tiempo vuestra alegría y vuestra preocupación.

-Cuando los caballeros tratan a sus propios familiares con generosidad, las personas ordinarias son atraídas a la bondad; cuando no se olvidan los viejos vínculos, las personas ordinarias no son volubles

-Yo deseo que los ancianos puedan disfrutar de la paz, los amigos disfrutar de la confianza y los jóvenes disfrutar del afecto.

-Un joven que no respeta a sus mayores no llegará a nada cuando crezca, e incluso intentará esquivar la muerte cuando llegue a la vejez; es un parásito.

-La razón para que un caballero prolongue su duelo es simplemente la siguiente: puesto que los manjares delicados le parecen no tener sabor, la música no le brinda ningún disfrute y la comodidad de su casa se le hace inconfortable, prefiere prescindir de todos esos placeres. Ahora bien, si tú puedes disfrutar de ellos, ¡adelante!

-Lo que la naturaleza une, la costumbre lo separa.

CAPÍTULO VIII

Confucio sobre el trabajo

"Aún las profesiones más humildes son dignas de respeto".

Confucio fue un trabajador incansable, de esto no cabe ninguna duda, sino como hubiesen podido llegar tantos pensamientos de él hasta nuestros días, y su concepción básica estaba dada en que el trabajo es el creador de riquezas para la sociedad, y que nadie merece nada si no lo ha obtenido como fruto del trabajo. En ese sentido los pensamientos filosóficos marxistas coinciden con estas ideas cuando se establece como doctrina básica del Socialismo "cada cual según su capacidad y a cada cual según su trabajo". Unos pocos pensamientos al respecto se valoran a continuación:

-Nadie debe comer sin habérselo ganado.

-Aún las profesiones más humildes son dignas de respeto.

-Cuando se emprenden guerras para conquistar nuevos territorios, los campos quedarán cubiertos por los cuerpos de las víctimas.

-La perseverancia en el camino recto y la práctica constante de las buenas obras, cuando han alcanzado

su prado máximo de perfección, producen óptimos resultados; del mismo modo, el fiel cumplimiento del deber dará lugar a beneficios sin límite, siendo su causa unas fuerzas de naturaleza sutil e imperceptible.

-El hombre prudente es parco en el hablar pero activo en el obrar.

-Es preciso obrar con rectitud sin pensar en las consecuencias. No debemos omitir el cumplimiento de nuestros deberes, ni realizarlos antes de tiempo.

-En vez de apurarte por no tener oficio, apúrate pensando el modo de prepararte para un oficio.

-Da con tu persona al pueblo ejemplo de virtud, da con tu persona al pueblo ejemplo de laboriosidad. -Nunca dejes de obrar así.

-El empleado que tiene tiempo libre, dedíquelo al estudio.

CAPÍTULO IX

Confucio para viciosos confusos

"Los vicios vienen como pasajeros, nos visitan como huéspedes y se quedan como amos"

Claro que quien dictó rígidas leyes de conducta no podía menos que pronunciarse contra los vicios, y nos imaginamos que había muchos en aquellos tiempos. Por lo que en breves pensamientos se pronunció condenando los mismos.

A continuación, algunos juicios confucianos al respecto.

-*Los hombres viciosos procuran disimular sus faltas con apariencias de honradez*

-*El medio más eficaz para combatir nuestros vicios y malas inclinaciones consiste en no combatir los vicios y malas inclinaciones de los demás antes de haber eliminado los propios.*

-*Los vicios vienen como pasajeros, nos visitan como huéspedes y se quedan como amos.*

-*Odia a los que son viles y calumnian a quienes son superiores a ellos; odia a los valientes que no saben de normas de convivencia; odia a los fanáticos atrevidos que son gente estrecha de miras.*

-*Sólo puede ser calificado como "vicioso" el que comete un acto deshonroso y no se corrige.*

-*Quien divulga las acciones viciosas de sus semejantes construye su propia ruina.*

CAPÍTULO X

Confucio ante una comunicación confusa

"El silencio es el único amigo que jamás traiciona".

Hay aspectos muy interesantes a resaltar sobre la filosofía oriental relacionados con el modo de comportamiento de sus ciudadanos que muestra correspondencia con el contenido de los textos confucianos, por lo que es posible que esta forma de actuación sea un reflejo, o una aplicación de los mismos a la conducta civil, en esencia, es valorable resaltar lo reservado y parco que se muestran, o al menos esta es la sensación que nos llevamos al observarlos, o tal vez podamos estar equivocados y no comprendemos bien sus características y en si actúan de forma igual o muy semejante a como nosotros lo hacemos.

En esencia, los principios éticos confucianos se refieren con frecuencia a la parquedad en el hablar, el expresar la verdad, la educación etc., pero sobre todo hay un aforismo que concreta prácticamente este modo de conducta: *el silencio es el único amigo que jamás traiciona.*

Y si esta fuera la norma que rige la forma de

comunicarnos en nuestra sociedad, incluso mediante los medios de comunicación y las redes sociales, esto resultaría saludable en especial para las propias personas y para esta interesante y actual forma de comunicación. De inicio no vamos a ejemplificar como se concreta esto en la práctica, pero si vamos a hacer referencia a algunos aforismos donde se manifiesta este aspecto y que nos pueden ayudar a no comportarnos de forma *confusa,* donde y cuando hay que hacerlo todo con extrema claridad, razonando cada una de nuestras palabras por la connotación que pueden tener, su efecto social, y sobre nosotros mismos.

Es común encontrar personas, puede que sin mala fe incluso, que hablan en exceso y de forma desmedida sobre aspectos que no conocen, o en los que no son muy duchos, así como alardear de hechos y eventos que no han realizado, o que sus fuerzas y capacidades no están en condiciones de realizar. Seguir a estas personas, hacer caso de lo que dicen o emularlas, puede traer consigo serios problemas y más de uno ha caído en esta *confusión* con consecuencias nada, o poco agradables. Está demás poner ejemplos, los vivimos a diario, más bien lo sufrimos a diario.

Cuando se hace caso a lo que expresan este tipo de individuos y se les emula, o sigue sus consejos, los resultados son generalmente malos; y peores aún si tenemos alguna influencia sobre un colectivo humano, sean familiares, amigos, subordinados, etc., pues puede ocurrir que los conduzcamos, o arrastremos, queriendo o no, a tomar decisiones y modos de conducta inadecuados, con los consabidos errores asociados y las medidas correctivas que la sociedad posteriormente impone.

Por eso Confucio expresaba:

-Las palabras sirven simplemente para comunicar.

-El que habla en exceso y sin cordura raras veces pone en práctica lo que dice. El hombre noble nunca teme que sus palabras superen a sus obras.

-Se puede calificar de hombre superior el que primero pone en práctica sus ideas, y después predica a los demás lo que él ya realiza.

-El noble no expresa nunca su parecer sobre las cosas que no comprende. Busca la máxima precisión en sus palabras; esto es lo más importante

-Si antes de ponernos a hablar determinamos y escogemos previamente las palabras, nuestra conversación no será vacilante ni ambigua.

-Lo único que yo ambiciono y deseo es no caer en la necesidad de vanagloriarme por mis virtudes y por mi inteligencia, y no pregonar mis buenas acciones.

-Buscar ante todo la rectitud de nuestras palabras, y ajustar luego nuestra conducta a ellas

Se halla muy cerca de la perfección el hombre que es constante, paciente, humilde y mesurado en el hablar.

Pero sobre todo hay que tener cuidado en el hablar porque:

-Una lengua ágil crea muchos enemigos.

Pero si esos enemigos se los buscara nada más la

persona que habla en demasía y sin fundamento, el problema podría limitarse y ser fácilmente corregido para bien del que habla y de los que escuchan, pero si tiene la locuacidad y la forma de convencer a un grupo masivo de personas, aunque esté errado en sus apreciaciones, entonces nos encontramos ante un verdadero problema, no personal, sino *social* con todas las repercusiones que esto puede acarrear, y por supuesto, nada buenas.

Sin embargo, para el veneno hay antídotos, y para muchas enfermedades también vacunas; y antes que este tipo de mal prolifere Confucio da unas buenas recomendaciones:

-Yo no hago el menor caso de las murmuraciones y críticas de los hombres.

-El autocontrol rara vez le lleva a uno a equivocarse.

-Se puede calificar de hombre superior el que primero pone en práctica sus ideas, y después predica a los demás lo que él ya realiza.

-La verdad no puede apartarse de la naturaleza humana. Si lo que consideramos verdad se aparta de la naturaleza humana, entonces no puede ser verdad.

-Una promesa hecha a la ligera es difícil de cumplir.

-Detesta a aquellos que se detienen en los defectos de los demás

Porque de la experiencia de Confucio, el propio sabio extrae:

-Cuando empecé a tratar con los hombres, escuchaba sus palabras y confiaba en que sus acciones se ajustarían a las mismas. Ahora, al tratar con los hombres, escucho sus palabras y al propio tiempo observo sus acciones.

Pero si antiguamente la forma más usual de caer en los errores anteriores era mediante la palabra hablada en un pequeño circulo de oyentes, delimitada por el alcance físico de las ondas sonoras de estas, ahora lo que se expresa se multiplica rápidamente a través de los medios masivos de comunicación, y más que esto a través de las redes, y dentro de ellas, y especifico bien: *las redes sociales.*

Las redes sociales son un excelente caldo de cultivo para que se propague lo que podemos catalogar como bueno, pero también lo malo, y que esto llegue a quienes deben oírlo y a los que no, sobre todo toma un sentido altamente peligroso y censurable cuando alcanza a los de menor edad, incluyendo jóvenes y adolescentes, que aún no han adquirido la experiencia necesaria para valorar con justeza lo que es razonablemente correcto, justo y adecuado, de lo que no lo es, y un momento de la vida donde hay menos autocontrol y se actúa de forma más impulsiva.

Es común, por otra parte, que personas de forma consciente o inconsciente, expongan su vida privada al dominio público detallando lo que hacen de forma cotidiana, y lo peor aún, lo que van o piensan hacer, sin darse cuenta que aún actuando bien se pueden herir susceptibilidades en otras personas, y que algunas de estas puedan desear o realizar alguna acción para lo que se pensaba realizar no salga bien, o al menos pensarlo.

El divulgarlo todo tiene sus problemas, incluso hasta en las altas esferas de la política, en que twiter, facebook y las hemerotecas, entre otras, ponen a disposición pública conductas o estados de opinión que entran en contradicción con lo que predica la persona en estos momentos y también con su conducta actual, y todo porque antaño lo había dicho o hecho bajo determinados puntos de vista o patrones existentes en la sociedad en esa época, y lo que antes parecía bien ahora no se aprecia de igual forma, y esto pasa todos los días.

La vida de las personas y el quehacer de la sociedad en su conjunto cambia constantemente, y lo que ayer era correcto hoy no lo es, también, amigos, compañeros, etc. con los que compartimos nuestras imágenes bajo un mismo lente, en el futuro toman determinados caminos no acordes con nuestro modo de conducta y de lo que rige la sociedad actual. En este sentido resultaría penoso arrepentirnos de lo que fuimos y con quien compartimos nuestros momentos. Por este motivo es recomendable valorar con detenimiento lo que divulgamos y el alcance que pueda tener hoy y tal vez en un futuro mediato, aunque predecirlo no resulta tan fácil, por lo siempre estaremos expuestos a equivocarnos.

Y aquí hablamos sin caer en la intimidad, o en actos o imágenes comprometidas, porque la vida privada de cada persona es de ella propia, no de los demás, y al compartirla perdemos autoridad, libertad y nivel de decisión sobre ella; y una de las cosas más hermosas de la sociedad actual es poder contar con la libertad suficiente de planificar y ejecutar nuestro futuro, siempre y cuando se rija por las normas convencionales, principios y valores morales establecidos, lo que nos permite, ya adultos, regir completamente nuestro destino en el marco de la mayor libertad posible, sin trabas ni ataduras, y mucho menos subordinados a las opiniones y normas con que otras personas quieran que lo hagamos, y claro, esto en el marco jurídico e institucional de las leyes y normas que rigen la conducta de los ciudadanos en un país libre y democrático.

Por eso, más que todo, es aconsejable volver a recalcar el principio básico confuciano de que:

El silencio es el único amigo que jamás traiciona.

Y sobre todo para la información en torno a nuestra vida, que debe ser y de hecho es privada, porque responde a la esencia y naturaleza propia de cada persona.

Por último, añadimos algunos principios éticos confucianos de utilidad práctica recogidos en estos aforismos:

-El hombre vulgar es vano y orgulloso, aún cuando su posición no sea elevada. Se halla muy cerca de la perfección el hombre que es constante, paciente, humilde y mesurado –

-Los vendedores ambulantes de rumores son personas que han abandonado la virtud en el hablar.

-Desde el hombre más noble al más humilde, todos tienen el deber de mejorar y corregir su propio ser.

-Sin duda es un error no enmendar un error.

-El mayor defecto de los hombres consiste en preocuparse arrancar la cizaña de los campos ajenos, descuidando el cultivo de sus propios campos.

-Tan malo es pasar de la medida como no alcanzarla.

-Poseer capacidad y talentos, y aceptar la opinión de los que carecen de ellos; tener mucho y aceptar la opinión de los que no tienen nada; ser rico y comportarse como siendo pobre; estar lleno y parecer vacío y desprovisto de todo; dejarse ofender sin manifestar resentimiento; en otro tiempo tenía un amigo que se comportaba así en la vida.

-Las desgracias, al igual que la fortuna, sólo llegan cuando las hemos buscado con nuestros actos.

-Mucho más excelente es la virtud del que permanece fiel a la práctica del bien, aunque el país se halle carente de leyes y sufra una deficiente administración

-Un caballero no aprueba a una persona por expresar determinada opinión, ni rechaza una opinión por ser expresada por determinada persona.

-Quien desea para los demás lo mismo que desearía para sí, y no hace a sus semejantes lo que no quisiera que le hicieran a él, este posee la rectitud de corazón y cumple la norma de conducta moral que la propia naturaleza racional impone al hombre.

APÉNDICE

Algunos conceptos empleados en este ensayo merecen ser definidos brevemente.

Analectas de Confucio: El término hace alusión a una colección constituida por fragmentos literarios seleccionados, de uno o varios autores. En el tema que estudiamos constituyen el texto más veras de las doctrinas de Confucio, una serie de afirmaciones breves, diálogos y anécdotas cortas y coherentes. Fueron recopilados por las primeras generaciones siguientes de discípulos de Confucio. No tienen un orden ni homogeneidad preestablecida.

Confucianismo: Doctrina cuyo fin es hallar la armonía del hombre con la sociedad. Sus Fundamentos pueden hallarse en los conocidos como los *"Cuatro Libros Clásicos de Confucio"* escritos posteriormente por sus discípulos y seguidores.

Confusión: Se puede definir como desorden, desconcierto, falta de claridad, acto de confundirse o mezclar cosas de forma desordenada, equivocación, perplejidad, desasociego, abatimiento.

Dinastía Zhou La dinastía *Zhou* fue la tercera de la antigua china, se prolongó a lo largo de más de sietes siglos, desde el año 1027 hasta el 221 a.n.e. Esta dinastía, clave en la cultura china, fue fundada por la familia *Ji* y su capital se encontraba en *Hao* (cerca de la actual ciudad de *Xian*). En la historiografía occidental, el período de los *Zhou* se describe a menudo, como feudal debido al carácter descentralizado de su mandato comparable al sistema medieval de Europa. Cuando se hundió el linaje real, el poder de los *Zhou* disminuyó gradualmente: la fragmentación del reino se aceleró y al final los emperadores reinaban oficialmente, pero el poder residía realmente en manos de la poderosa nobleza. Hacia el final de la Dinastía *Zhou*, los nobles ni siquiera se molestaron en agradecer a la familia *Ji* simbólicamente y se declararon reyes. Querían ser los reyes de los reyes. Finalmente, la dinastía fue destruida por la unificación de *Qin Shi Huang* de China en el año 221 a.n.e.

Ética: Conjunto de normas morales que rigen la conducta de las personas en cualquier ámbito de la vida. Parte de la filosofía que trata del bien y del fundamento de sus valores. La ética es diferente de la moral, porque la moral se basa en la obediencia a las normas, las costumbres y preceptos o mandamientos culturales, jerárquicos o religiosos, mientras que la ética busca fundamentar la manera de vivir por el pensamiento humano. En la filosofía, la ética no se limita a la moral, que generalmente se entiende como la costumbre o el hábito, sino que busca el fundamento teórico para encontrar la mejor forma de vivir, la búsqueda del mejor estilo de vida.

Fuerzas Productivas: Término marxista empleado para designar el conjunto de los medios de producción y de los hombres que los emplean para producir los bienes materiales. Dentro de los medios de producción, los medios de trabajo constituyen la base material y técnica de la sociedad. Las fuerzas productivas expresan la relación que existe entre el hombre y los objetos y fuerzas de la naturaleza, el grado en que éste los domina, por lo que definen el nivel de desarrollo de la humanidad en una época concreta. Las fuerzas productivas se desarrollan y perfeccionan constante y aceleradamente, lo que debe determinar también cambios en las relaciones de producción vigentes en la sociedad que de no realizarse crean profundas tensiones y contradicciones necesarias de resolver.

Globalización: Es un proceso histórico de integración mundial en los ámbitos político, económico, social, cultural y tecnológico, que ha convertido al mundo en un lugar cada vez más interconectado, en una aldea global. Como tal, **la globalización** fue el resultado de la consolidación del capitalismo, de los principales avances tecnológicos (revolución tecnológica) y de la necesidad de expansión del flujo comercial mundial.

Moral: Relativo a las acciones de las personas, desde el punto de vista de su obrar en relación con el bien o el mal y en función de su vida individual y, sobre todo, colectiva. Basado en el entendimiento o la conciencia, y no en los sentidos. Prueba, certidumbre moral. Que concierne al fuero interno o al respeto humano, y no al orden jurídico. Doctrina del obrar humano que pretende regular el comportamiento individual y colectivo en relación con el bien y el mal y los deberes que implican. Conjunto de facultades del espíritu, por contraposición a lo físico o material. Estado de ánimo, individual o colectivo. Ánimo para afrontar algo. En actividades que implican confrontación o esfuerzo intenso, confianza en el éxito.

Personalidad: Es la diferencia individual que distingue una persona de otra. Como tal, la personalidad es el término que describe y permite dar una explicación teórica del conjunto de peculiaridades que posee un individuo que lo caracteriza y lo diferencia de los otros. El concepto de personalidad proviene del término *"persona"*.

Política: Arte, doctrina u opinión referente al gobierno de los Estados. Actividad de quienes rigen o aspiran a regir los asuntos públicos. Actividad del ciudadano cuando interviene en los asuntos públicos con su opinión, con su voto, o de cualquier otro modo. Cortesía y buen modo de portarse. Arte o traza con que se conduce un asunto o se emplean los medios para alcanzar un fin determinado. Orientaciones o directrices que rigen la actuación de una persona o entidad en un asunto o campo determinado.

Relaciones de Producción: Término marxista que hace referencia a las relaciones que se establecen entre los hombres en el proceso de producción y que a la vez definen a los modos de producción: esclavista, feudal, capitalista, socialista, entre otros. Dentro de ellas se encuentran las relaciones de propiedad, laborales, de dependencia socioeconómica, etc. también la forma de distribución de la producción y la riqueza. Están condicionadas y estrechamente relacionadas con las fuerzas productivas

Sociedad: Es un grupo de seres que viven de una manera organizada. La palabra proviene del latín *"societas"*, que significa asociación amistosa con los demás. El concepto de sociedad supone la convivencia y la actividad conjunta del hombre, conscientemente organizado u ordenado, e implica un cierto grado de comunicación y cooperación. Es el objetivo general del estudio de las antiguas ciencias del estado, hoy llamadas ciencias sociales

Valores: En un sentido genérico, los valores son las propiedades, cualidades o características de una acción, una persona, o un objeto consideradas típicamente positivas, o de gran importancia. Los valores que están influidos o determinados por una sociedad y una cultura particular se suelen denominar valores sociales y valores culturales. Aquellos que están considerados desde el punto de vista de la Ética y de la Moral son los valores éticos y los valores morales. Los valores éticos son pautas de comportamiento que regulan la conducta, tienen un carácter universal y se van adquiriendo durante el desarrollo individual de cada persona. Los valores morales son aquellos que son transmitidos por la sociedad, en algunos casos vienen determinados por una doctrina religiosa y pueden cambiar a lo largo del tiempo.

Como términos esencialmente confucianos se hace referencia en el libro, y en las propias obras confucianas a:

Caballeros. Hombres formados ética y socialmente, independientemente de su procedencia social. Difiere completamente del concepto de caballero feudal, título nobiliario obtenido de forma hereditaria.

La Vía: Se refiere a la justicia, la actuación correcta de un Estado

El rito: Se entiende en las doctrinas de Confucio como la tradición, las costumbres éticas, morales.

FUENTES LITERARIAS ANTIGUAS

Las doctrinas básicas de Confucio consultadas para este estudio se recogen en dos importantes fuentes literarias publicadas cientos de años después de su muerte. En esencia los **"Cuatro Libros Clásicos"** y las **"Analectas"**, donde se valora en forma de diálogos de preguntas y respuestas, las interminables charlas y conversaciones que durante muchos años sostuvo con sus discípulos y que estos fueron capaces de recoger, incluso, es posible que desarrollar, o ampliar, y por supuesto en forma escrita posteriormente a la muerte del sabio. En toda la exposición se extrajeron las sentencias o máximas de estos para simplificar y hacer más accesible la comprensión de la esencia de las mismas en la época actual.

LOS CUATRO LIBROS CLÁSICOS DE CONFUCIO (KUNG-TSE)

-PRIMER LIBRO (Ta-Hio o Gran ciencia). Se le atribuye al nieto de Confucio y está dedicado a los conocimientos relacionados con la madurez de los individuos.

-SEGUNDO LIBRO (Cheng-Yung o Doctrina del Medio) Sobre las reglas de comportamiento o de la conducta humana sobre todo de los gobiernos y de la justicia.

-TERCER LIBRO: (Lun-Yu o comentarios filosóficos) también conocido como las Analectas de Confucio. En él se resume en forma de diálogos, preguntas y repuestas lo esencial de la doctrina de

Confucio.

-CUARTO LIBRO (Meng-Tse o Libro de Mencio). Escrito por su seguidor, que vivió cientos de años después de Confucio.

NOTA MARGINAL: En 1994 se declaró el templo, la residencia y el cementerio donde descansa Confucio, Patrimonio de la Humanidad.

OTRAS OBRAS
DE LOS
AUTORES

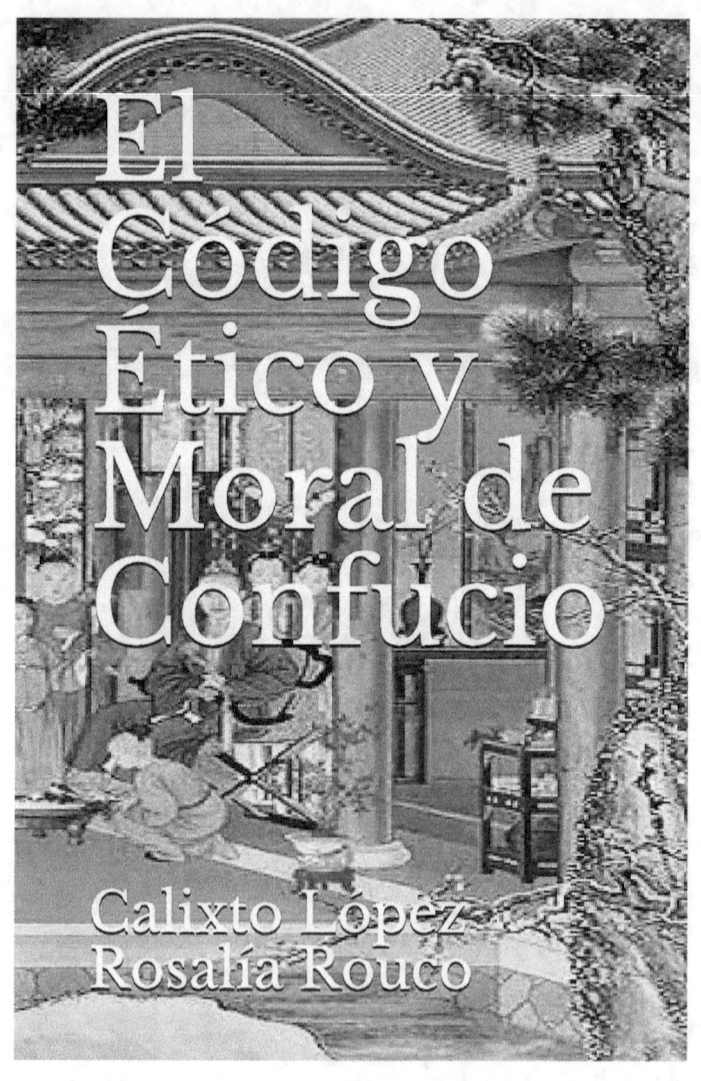

El Código Ético y Moral de Confucio

Calixto López
Rosalía Rouco

EL CÓDIGO
EDUCATIVO
DE
CONFUCIO

Calixto López
Rosalía Rouco

LA DOCTRINA MORAL DE CONFUCIO

CALIXTO LÓPEZ
ROSALÍA ROUCO

Clásicos Chinos

Analectas

James Legge

(Confucio)

CONFUCIO
ÉTICA Y
GOBIERNO

CALIXTO LÓPEZ

EL TA
HIO O
GRAN
ESTUDIO

CONFUCIO

MENCIO

James Legge

BIBLIOGRAFÍA

Aguilar, J. (2010*). Los cuatro libros clásicos del Confucianismo: una lectura económica.* Rev. Empresa y Humanismo Vol. XIII, 2/10, pp. 13-40.

Arnaiz, Ch. (2014). *Confucianismo, Budismo y la Conformación de valores en China.* Inst. Gino Germani. Nov. 2014.

Balazs, E. (1975). *La burocracia celeste; historia de la China imperial.* Barcelona, Seix Barral, 1975.

Bedi, S. (2009). *Rejecting Rights.* Cambridge University Press 2009.

Botton, F. (2000). *China: Su historia y cultura hasta 1800.* México, D.F. El Colegio de México.

Carrasco, M. (2011). *Confucio y la Educación.* CHIR N° 67, 01 de Octubre de, 2011.

Cham, S. (2004). *Liberalism, Democracy and Developmen.* Cambridge University Press.

Cheng, Chung-Ying. (2011). *New Confucianism as a Philosophy of Humanity and Governance.* Journal of Chinese Philosophy, No. 38, pp. 1 y 2.

Creel-Herrle. (1976), *El pensamiento chino desde Confucio hasta Mao Tze Tung.* Edit. Alianza, Madrid.1976.

Colegio de México. (2002). *La interpretación Ricciana del Confucianismo.* Estudios de Asia y

África, Vol. XXVII, núm. 2, mayo-agosto, 2002, pp. 211-239. El Colegio de México, A.C.

Confucio. (1998). *Los cuatro libros de la sabiduría*, Edicomunicación S.A., España, 1998.

Confucio. (2014). *Los cuatro libros*. Traducción y notas. J. Arroyo. PAIDÓS, Barcelona (2014).

Confucio. (1997*). Analectas*. Traducción, edición y notas A. Suárez, Madrid: Kairós.

Confucio. *El TAO-HIO o Gran Estudio*. Texto de Confucio y Comentario de Thseng-Tseu.

Dawson, R. et al. (1967). *El legado de China*. Edit. Pegaso, Madrid, 1967.

De Bary, W. (1998). *Confucianism and Human Rights. Introduction* In De Bary William T., y Weiming, Tu (eds.), Nueva York: Columbia University Press, pp. 1-26.

De Prada, A. (2013). *Confucianismo y Democracia: Ciudadanos, príncipes, individuos*. Universidad Rey Juan Carlos. ISEGORÍA. Revista de Filosofía Moral y Política. Nº 49, julio-diciembre, 2013, 615-627.

Doval, G. (2011): *Breve historia de la china milenaria*, Madrid, Nautilus.

Feldherr, A. and G. Hardy. (2011). *The Oxford history the historical Writing*. Vol 1. Beginnings to BC 600. Oxford University Press.

Ferrater, J. (1954). *Diccionario de Filosofía*. T I. 5ta.

Edic, Editorial Sudaméricana.

Folch, D. (2001). La *construcción de China. El período formativo de la civilización china.* Península/Atalaya, Barcelona 2001.

Franke, H. y R. Trauzettel (1973). *El imperio chino.* Trad.: M. Moya. Siglo XXI, Madrid, 1973.

Fung, Y. (1997). *A short history of Chinese Philosophy.* Nueva York, Free Press.

García, I. (2017). *Confucio y el mundo que viene.* Documento Análisis, ieee.es 24/2017

Granet, M. (1959*). El pensamiento chino.* Trad. V. Clavel. Edit.UTEHA, Mexico 1959.

Grousset, R. (1958*). Historia de la China.* Edit. Caralt, Barcelona. 1958.

Guirao, P. (1927). *El evangelio de Confucio (Analectas de Confucio).* Barcelona, 1927.

Hang, L. (2011). *Traditional Confucianism and its Contemporary Relevance,* Asian Philosophy, 21(4), pp. 437-445.

Höffe, O. (2003) *Breve historia ilustrada de la filosofía.* Ediciones Península, Barcelona.

Hucker, Ch. (1975). *China's Imperial Past: An Introduction to Chinese History and Culture.* Stanford University Press, 1975.

John Parratt. Edit. (2004). *An Introduction to Third*

World Theologies. Edit. Cambridge University Press

KAILAS (2014). *Analectas Confucio.* Kailas Edit. Junio 2014.

Kung, H. (1991). *Proyecto de una ética mundial.* Edit. Trotta, Madrid, 1991.

Kung-Kuan, J. (1965). *Confucio educador.* Diana, artes Gráficas, 1965.

Lau, D. (1979). *Lún Yu, Confucius, The Analects.* Penguin Books. 1979.

Lao Zi (1981). El libro del Tao, Alfaguara, Madrid.

Lemus, D. (2014), *Confucianismo como humanidad: Claves para complementar la modernidad.* México y la Cuenca del Pacífico. Sept.-Dic. (2014).

Leys, S. (1998). *Confucio: Analectas, versión y notas.* EDAF. Madrid.

Li-Jing. *Clásicos chinos Confucianos de la Antigüedad.* Tratado de los ritos. Vol I (libros 1-8).

Liqing, Q. and M. Shangchao. (2009). *A Study on Confucius' Views on Language Functions.* Polyglossia Vol. 16, February 2009.

López, C. y R. Rouco. (2016*). El Código ético y moral de Confucio.* Amazons KDP Publishing, Diciembre de 2016. ISBN 978-1520894621.

López, C. and R. Rouco. (2016). *The Ethical and Moral Code of Confucius.* Amazons KDP Publishing.

Dec. 2016. 978-1726796125

López, C. y R. Rouco. (2017). *El código educativo de Confucio*. Amazons KDP Publishing,. ISBN 978-1521018101.

López, C. (2018). *Confucio Vs. Maquiavelo*. Amazons KDP Publishing. Enero de 2018. ISBN 978-1976895937.

McGraw Hill. (2001). Gran Diccionario Enciclopédico Ilustrado. Edit. McGraw Hill Interamericano.

McLeisk K. Edit. (1993). *Key Ideas in Human*. Thought Library of Congress Cataloging-in-Publication Data. New York. 1993.

Menander, Dawson Miles, (1915). *The Ethics of Confucius*. Whith A Foreword by Wu Ting Fang. G. P. Putnam's Sons. The knickerborker {press). New York and London (1915).

Peerenboom, R. (1998). *Confucian Harmony and Freedom of Thought*. In De Bary William T., y Weiming, Tu (eds.), Confucianism and Human Rights, Nueva York: Columbia University Press, pp. 234-260.

Perceval, J. y J. Fornieles. (2008). *Confucio contra Sócrates*. Análisis 36: 213-224

Pérez Arroyo. (2006). *Confucio*. Ediciones RBA, Barcelona. 2006

R.A.E. Diccionario de la Real Academia Española.

Robert Audi. Edit. (1999). *The Cambridge Dictionary of Philosophy*. Second Edition. Edit..Cambridge University Press. 1999.

Ronan C. (1978). *The Shorter Sciense and Civilisation in China* Vol 1. Cambridge University Press.

Schleichert, H. y H. Roetz. (2013). *Filosofía china clásica*. Traducción de A. Peñataro. Herder, Barcelona 2013.

Stratern, P. (2004). *Confucio en 90 minutos*. Casa del libro, España.

Ted Honderich. Edit. (2005). *The Oxford Companion of Philosophy*. Second Edition. Oxford University Press. 2005.

Tu, W. (1998). *Confucius and Confucianism*. In Slote, Walter H., and Devos, George A. (eds.), Confucianism and the Family, Nueva York: Suny Press, pp. 3-36.

Waley, A. (1938). *The Analects of Confucius*: George Allen & Unwin, Londres, 1938.

Wang Lei. (2007). *A study on Confucius' rectification of names*. Information of Culture and Education, 2: 92-93.

Watts, A. (1976). *El camino del Tao*. Kairos, Barcelona, 1976.

Wright, A. (ed.). (1960). *The Confucian Persuasion*.

Stanford, Stanford University Press, 1960.

Wilhelm, R. *Confucio*. (1966). Trad.: A. García. Madrid, Madrid, 1966

Xinzhong Yao. (2000). *An Introduction to Confucianism*. Cambridge University Press. (2000).

Xinzhong Yao; (2001), *The Confucianism*. The Press Syndicate of the University of Cambridge, 2001.

Yang, B. *Lunyu Yizhu*. (1958). Pekín: Zhonghua Shuju 1958.

Zhang, T. and B.Schwartz. (1997). *Confucius and the Cultural Revolution: A Study in Collective Memory*, International Journal of Politics, Culture and Society, 11(2), pp. 189-211.

Zhao Z. (2014). *Confucio. Ética y Civilización*. Revista Co-herencia. V. 10 No. 20. Enero-junio 2014. Medellín, Colombia.

www.ingramcontent.com/pod-product-compliance
Lightning Source LLC
Chambersburg PA
CBHW071408280526
45787CB00001B/478